Début d'une série de documents
en couleur

CH. DICKENS et WILKIE COLLINS

L'Abîme

ROMAN ANGLAIS

TRADUIT AVEC L'AUTORISATION DE L'AUTEUR

PAR MADAME JUDITH

DE LA COMÉDIE FRANÇAISE

NOUVELLE ÉDITION

LIBRAIRIE HACHETTE ET Cie

79, BOULEVARD SAINT-GERMAIN, PARIS

484-18. — Coulommiers. Imp. Paul BRODARD. — 3-19.

Fin d'une série de documents
en couleur

L'ABIME

OUVRAGES DU MÊME AUTEUR

PUBLIÉS DANS LA BIBLIOTHÈQUE DES ROMANS ÉTRANGERS

PAR LA LIBRAIRIE HACHETTE ET Cie

ŒUVRES de Charles Dickens, traduites de l'anglais, sous la direction de P. Lorain, 25 vol. in-16, brochés, chaque vol. **2 fr.**

Aventures de M. Pickwick . . . . Deux vol.
Bleak-House . . . . Deux vol.
Contes de Noël . . . . Un vol.
David Copperfield . . . . Deux vol.
La Petite Dorrit . . . . Deux vol.
Dombey et fils . . . . Trois vol.
Le magasin d'antiquités . . . . Deux vol.
Les temps difficiles . . . . Un vol.
Nicolas Nickleby . . . . Deux vol.
Olivier Twist . . . . Un vol.
Vie et aventures de Martin Chuzzlewit . . . . . . Deux vol.
Les grandes Espérances . . . . Deux vol.
L'ami commun . . . . Deux vol.
Le Mystère d'Edwin Drood . . . . Un vol.

DICKENS ET COLLINS : **L'Abîme**, traduit de l'anglais, par Mme Judith . . . . Un vol.

6822 — IMP. DUBREUIL, FRÈREBEAU & Cie, 18, RUE CLAUZEL - PARIS.

CH. DICKENS et WILKIE COLLINS

L'ABIME

ROMAN ANGLAIS

TRADUIT AVEC L'AUTORISATION DE L'AUTEUR

PAR

MADAME JUDITH

DE LA COMÉDIE FRANÇAISE

NOUVELLE ÉDITION

PARIS
LIBRAIRIE HACHETTE ET Cie
79, BOULEVARD SAINT-GERMAIN, 79

1918

L'ABIME

OUVERTURE

Quel jour du mois et de l'année ? Le 13 Novembre 1835. Quelle heure ? Dix heures du soir sonnant à la grande horloge de St. Paul.

En même temps toutes les églises de la ville ouvrent leurs gosiers de bronze et forcent leurs voix. Quelques-unes ont inconsidérément commencé de chanter avant la Cathédrale ; d'autres n'y vont pas si vite et sont en retard de quatre, de six coups sur la grosse cloche. Cependant toutes se suivent d'assez près pour laisser ensemble dans l'air une même résonnance longue et plaintive. On dirait que le père ailé qui dévore ses enfants décrit une courbe retentissante, avec sa faux gigantesque, au-dessus de la Cité.

Quelle est cette cloche plus sourde et plus triste que toutes les autres, plus proche aussi de notre oreille?... Ce soir-là elle retarde si fort que ses vibrations persistent seules, longtemps après que tout autre son s'est éteint dans l'air. C'est la cloche de l'Hospice des Enfants Trouvés.

Jadis les enfants y étaient reçus sans enquête. Un tour pratiqué dans la muraille s'ouvrait et se refermait discrètement. Il n'en est plus ainsi aujourd'hui. On prend des informations sur les pauvres petits hôtes, on les reçoit par faveur des mains de leurs mères. Ces malheureuses mères doivent renoncer à les revoir, à les *réclamer même*, et cela pour jamais!

Ce soir, la lune est dans son plein, la nuit est assez douce. La journée n'a pourtant pas été belle; la boue épaissie par les larmes du brouillard recouvre les rues d'une couche noirâtre, et, certes, il faut, pour éviter l'atteinte pénétrante, que la dame voilée qui se promène de long en large soit bien et solidement chaussée.

Elle marche évitant la place des fiacres; on la voit s'arrêter de temps en temps dans l'ombre de la partie occidentale de ce grand mur quadrangulaire, le visage tourné vers une petite porte dérobée. Au-dessus de sa tête se déploie le ciel pur, éclairé par cette lune brillante, les souillures du pavé s'étendent sous ses pas, et son esprit est divisé entre des pensées bien différentes, les unes presque heureuses, les autres cruelles. Son cœur ne lui parle point le même langage que l'expérience impitoyable; l'empreinte de ses pieds se succédant aux mêmes places dans cette boue noire a fini par y tracer comme un labyrinthe: ne serait-ce point là l'image de sa vie, des obstacles que le hasard a dressés devant elle, et du dédale inextricable où ses fautes l'ont engagée?

La porte dérobée s'ouvrit alors, et une jeune femme sortit de l'Hospice.

La dame voilée se tint d'abord à l'écart, observant de tous ses yeux. Ayant vu la porte se refermer elle se mit à suivre la jeune femme.

Elles traversèrent ainsi deux rues en silence. La dame voilée, enfin, étendit la main vers celle qu'elle suivait et la toucha. La jeune femme s'arrêta tout effrayée et se retourna.

— Vous m'avez déjà touchée hier soir, — s'écria-t-elle, — et, lorsque j'ai tourné la tête, vous avez refusé de me parler. Pourquoi me suivez-vous comme un fantôme?

— Je n'ai pas refusé de vous parler, — murmura la dame. — J'ai bien essayé de le faire; mais alors je n'ai pu...

— Que voulez-vous de moi?.... Je ne vous ai jamais fait de mal?

— Jamais.

— Je ne crois pas vous connaitre?

— Vous ne me connaissez pas.

— Que puis-je donc, pour vous être utile?

— Il y a deux guinées dans ce papier. Acceptez mon pauvre petit présent, et je vous le dirai.

La jeune femme, qui avait bien le plus honnête visage du monde, rougit vivement.

— Je suis Sally, — dit-elle. — Dans ce grand établis sement, auquel j'appartiens, il n'y a pas une grande personne ni un enfant qui n'ait toujours une bonne parole pour Sally. On n'aurait pas pris une si bonne opinion de moi, si l'on me croyait capable de me vendre.

— Hélas! — fit la dame, — je ne songe pas à vous acheter. Je voulais seulement vous offrir une légère récompense.

Avec fermeté, mais sans aigreur, Sally repoussa la main qui lui présentait l'offrande.

— S'il y a quelque chose que je puisse faire pour vous obliger, — dit-elle, — vous vous trompez en pensant que je le ferai pour de l'argent. Que désirez-vous?

— Vous êtes l'une des gardiennes ou des employées de l'Hospice. Je vous en ai vue sortir hier et ce soir.

— Je suis Sally, madame; je suis Sally.

— Votre visage annonce la patience et la douceur. je suis sûre que les enfants s'attachent tout de suite à vous.

— Pauvres chéris!.... c'est vrai, madame.

La dame releva son voile. Elle n'était guère moins jeune que Sally. Certes sa figure avait quelque chose de bien plus aristocratique et décelait une intelligence bien plus ouverte : mais aussi comme elle était pâle et fatiguée!

— Je suis la malheureuse mère d'un enfant confié à vos soins, — balbutia-t-elle, — et je veux vous adresser une prière!...

Sally alors, touchée de la confiance que la pauvre femme lui avait montrée en écartant son voile, Sally, dont les actions étaient toujours simples et pleines de bonté, replaça le voile sur ce visage pâle et se mit à pleurer.

— Vous écouterez ma prière, — lui dit la dame. — Vous ne serez point insensible aux angoisses d'une infortunée qui vous supplie?...

— Oh! chère... bien chère... — s'écria la bonne Sally. — Que faut-il vous dire? Et que puis-je faire? Ne parlez pas de prière, au moins... Nos prières ne doivent s'élever que vers notre Père à tous : on n'en adresse point à une pauvre fille comme moi. D'ailleurs je vais quitter l'Hospice; je n'y resterai plus que six mois, jusqu'à ce qu'une autre jeune femme ait été mise au courant de mon service et soit prête à me remplacer. Je vais me marier, madame. Je ne serais pas sortie ce soir si mon Dick.... c'est celui que je dois épouser.... n'était malade. J'aiderai sa mère et sa sœur à le veiller cette nuit. Ne vous affligez pas si fort.

— Ah! bonne Sally... chère Sally... vous êtes pleine d'espérance, et depuis longtemps l'espérance s'est éteinte devant mes yeux. La vie s'offre à vous belle et paisible, vous deviendrez une femme respectée et sans doute une tendre et orgueilleuse mèr. Vous êtes une femme aimante et vivante... Et moi, il faut que je meure!... Ecoutez, écoutez-moi, je vous en prie.

— Mon Dieu! — s'écria Sally, — que dois-je donc faire? Voyez comme vous vous servez de mes propres paroles contre moi. Je vous ai dit que j'étais sur le point de me marier, afin de vous faire mieux comprendre que j'allais quitter cette maison et que je ne pouvais vous être d'aucun secours, pauvre femme!... Et vous voudriez à présent me persuader que j'ai tort de me marier et que je suis cruelle en refusant de vous servir. Ce n'est pas bien!... Allons, est-ce que cela est bien, madame?

— Sally, ma bonne Sally, ce n'est point dans l'avenir que je vous demande de m'aider, oh! non, ce n'est pas dans l'avenir. Ma prière ne regarde que le passé, je n'attends de vous que deux mots.

— Là, — s'écria Sally, — voilà qui va de mal en pire. Si je ne comprenais pas quels sont ces deux mots que vous voulez savoir...

— Vous le comprenez, Sally. Quels sont les noms que l'on a donnés à mon pauvre baby?... Quels sont ces noms? Je ne vous en demande pas davantage; j'ai lu la règle de la maison. Il a été baptisé dans la chapelle et enregistré dans le grand-livre. C'était Lundi soir... Comment l'a-t-on appelé?

Elle se mit à genoux devant Sally, — à genoux dans la boue épaisse de cette petite rue déserte et sans issue qui conduisait aux jardins de l'Hospice; elle se serait roulée sur le pavé dans la véhémence et la folie de son désespoir, si la bonne Sally ne l'eût relevée.

— Oh! non.... non!.... — s'écria cette chère fille, — vous me donnez envie de faire une bonne action. Laissez-moi regarder encore votre jolie figure; mettez vos mains dans les miennes... Jurez-moi que vous ne me demanderez rien de plus que ces deux mots.

— Jamais... jamais je ne vous demanderai autre chose.

— Et si je les dis, ces noms, vous n'en ferez pas un mauvais usage? Vous ne ferez pas tourner cette révélation contre moi?

— Jamais!... Jamais!...

— Walter Wilding.

La dame jeta sa tête sur le sein de la jeune fille, la tint un moment embrassée, et murmura une bénédiction fervente.

— Embrassez-le pour moi! — fit-elle.

Et elle disparut.

. . . .

. . . .

Quel jour du mois et de l'année? Le premier Dimanche d'Octobre 1847. Quelle heure à Londres? Une heure et demie de l'après-midi à la grande horloge de St. Paul.

Aujourd'hui l'horloge de l'Hospice des Enfants Trouvés marche de conserve avec celle de la Cathédrale. Le service est fini dans la chapelle et les Enfants Trouvés sont à dîner.

Il y a comme toujours beaucoup de monde à ce dîner; deux ou trois directeurs, des familles entières de paroissiens, et quelques curieux. Un doux soleil d'automne pénètre dans la salle. Ces grandes fenêtres, ces murailles sombres sur lesquelles les rayons vont se jouant, sont des choses qu'Hogarth aimait à reproduire dans ses tableaux.

Le réfectoire des filles (la division des filles comprend aussi celle des plus jeunes enfants) est le principal attrait de curiosité pour l'assistance. Des valets d'une propreté rare glissent autour des tables silencieuses. Les curieux vont et viennent à leur guise et font tout bas entre eux plus d'un commentaire sur la figure de *ce numéro* qui est là-bas près de la fenêtre. C'est que beaucoup de ces physionomies expansives ont un caractère qui mérite de fixer l'attention. Il y a parmi les assistants des visiteurs habituels qui connaissent les hôtes du lieu. On les voit s'arrêter à une place marquée, se pencher, et dire quelques mots à l'oreille de l'un des enfants. Ce n'est point médire que de remarquer en passant qu'ils s'adressent surtout a ceux qui ont un joli visage... Tout le monde circule, chuchote, s'anime, et la monotonie de ces longues salles moroses en est quelque peu rompue.

Une dame voilée, que personne n'accompagne, s'avance au milieu de la foule. On ne peut douter en la voyant qu'elle ne vienne à l'Hospice pour la première fois. Sans doute la curiosité ni l'occasion ne l'avaient jamais amenée dans ce triste séjour, et ce spectacle semble la troubler un peu. Elle fait le tour des tables, sa démarche est incertaine, et son attitude tremblante. Elle va, cherchant son chemin qu'elle ne veut pas demander, elle arrive au réfectoire des petits garçons. Pauvres petits, ils sont moins recherchés que les filles; point de visiteurs autour d'eux : les yeux humides de la dame voilée plongent dans la salle.

Justement, sur le seuil de la porte, se trouvait une employée d'un certain âge, respectable matrone, femme de charge, utile à tout. C'est à elle que la dame s'adresse...

— Vous avez beaucoup de petits garçons ici? — dit-elle. — A quel âge les fait-on entrer dans le monde?... Se prennent-ils souvent de passion pour la mer?

Et puis d'une voix étouffée : —

— Savez-vous lequel est Walter Wilding?

La matrone sentit avec quelle ardeur brûlante les yeux de l'étrangère s'attachaient sur les siens, à travers le voile épais. Aussi baissa-t-elle la tête — n'osant la regarder à son tour.

— Je sais lequel est Walter Wilding, — dit-elle. — Mais mon devoir m'interdit de faire connaître aux visiteurs le nom de nos enfants.

— Ne pouvez-vous seulement me le montrer sans rien me dire? — répliqua la dame voilée.

Sa main allait en même temps chercher celle de la femme et la serrait de toute sa force.

— Je vais passer autour des tables, — dit tout bas la matrone sans avoir l'air de s'adresser à la visiteuse. — Suivez-moi des yeux. Le petit garçon près duquel je m'arrêterai et à qui je parlerai tout à l'heure, ne sera pour vous qu'un étranger comme tous les autres; mais celui que je toucherai en passant sera Walter Wilding. Ne me dites plus rien et éloignez-vous

La dame voilée obéit, avança de quelques pas dans la salle, les yeux fixés sur la matrone.

Celle-ci, d'un air officiel et grave, marche en dehors des tables en commençant par la gauche. Elle suit la ligne entière, tourne, et revient à l'intérieur des rangs et, jetant un regard furtif du côté de la dame voilée, s'arrête auprès d'un enfant, se baisse, et lui parle. L'enfant lève la tête et répond. Elle l'écoute d'un air naturel, en souriant, et pose en même temps sa main sur l'épaule du petit garçon assis à droite. Tandis qu'elle continue de causer avec l'autre, elle fait à celui-ci quelques caresses sans lui rien dire; puis elle achève sa tournée le long des tables sans toucher aucun autre enfant et sort de la salle.

Le dîner est fini. La dame voilée s'avance à son tour, par le chemin indiqué, en dehors des tables, en commençant par la gauche. Elle suit la longue rangée extérieure, tourne, et revient sur ses pas. Par bonheur pour elle, d'autres personnes viennent d'entrer par hasard et sans but. Elle ne se voit plus seule dans la salle; et, moins alarmée, elle relève son voile et, s'arrêtant devant le petit garçon que la matrone a touché :

— Quel âge avez-vous? — dit-elle.

— Douze ans, madame, — répond l'enfant étonné, en levant ses beaux grands yeux vers elle.

— Êtes-vous heureux et content?

— Oui, madame.

— Pouvez-vous accepter ces bonbons?

— S'il vous plaît de me les donner.

Elle se penche pour les lui remettre et touche de son front et de ses cheveux la figure de l'enfant. Alors, baissant de nouveau son voile, elle passe.

Elle passe bien vite et s'enfuit sans regarder en arrière.

PREMIER ACTE.

LE RIDEAU SE LÈVE.

Au fond d'une cour de la Cité de Londres, dans une petite rue escarpée, tortueuse, et glissante, qui réunissait Tower Street à la rive de la Tamise, se trouvait la maison de commerce de Wilding et Co., — marchands de vins. L'extrémité de la rue par laquelle on aboutissait à la rivière (si toutefois on avait le sens olfactif assez endurci contre les mauvaises odeurs pour tenter une telle aventure) avait reçu le nom d'Escalier du Casse Cou. La cour elle-même n'était pas communément désignée d'une façon moins pittoresque et moins comique : on l'appelait le Carrefour des Éclopés.

Bien des années auparavant, on avait renoncé à s'embarquer au pied de l'Escalier du Casse Cou et les mariniers avaient cessé d'y travailler. La petite berge vaseuse avait fini par se confondre avec la rivière ; deux ou trois tronçons de pilotis, un anneau, et une amarre en fer rouillé, voilà tout ce qui restait de la splendeur du Casse Cou. Il arrivait pourtant encore de temps à autre qu'une barque chargée de houille vînt y aborder violemment. Quelques vigoureux chargeurs surgissaient alors de la vase, déchargeaient le bateau, transportaient le charbon dans le voisinage; et puis on ne les voyait plus. D'ordinaire le seul mouvement commercial de l'Escalier du Casse Cou, c'était le transport des tonneaux pleins et des bouteilles vides remplissant et désemplissant les caves, entrant et sortant à grand bruit, chez Wilding et Co., marchands de vins. Encore ce mouvement n'était-il pas de tous les goûts, et pendant trois marées sur quatre, la sale eau grise de la rivière venait solitairement battre de son écume et de sa vase l'amarre et l'anneau rouillé. On eût dit que Madame la Tamise, ayant entendu parler du Doge et de l'Adriatique, voulait, elle aussi, s'unir, au moyen de cet anneau, à son Doge, le Très-Honorable Lord Maire, le grand conservateur de sa corruption et de ses souillures.

Vers la droite, à quelque deux cents mètres sur le monticule opposé (touchant au bas de l'Escalier fantastique), on trouvait le Carrefour des Écloppés. Il appartenait tout entier à Wilding et Co., ce coin sordide. Leurs caves étaient creusées par-dessous, leur maison s'élevait par-dessus. Cette maison avait été réellement une habitation autrefois; on voyait encore au-dessus de sa porte un antique auvent sans support, ce qui était naguère l'ornement obligé de toute demeure habitée par un bourgeois de Londres. Une longue rangée de petites fenêtres étroites perçait cette morne façade de briques et la rendait symétriquement disgracieuse; au-dessus de tout on avait perché certaine coupole, où se balançait une cloche.

— Monsieur Bintrey, — dit Walter Wilding, — pensez-vous qu'un homme de vingt-cinq ans qui peut se dire en mettant son chapeau : Ce chapeau couvre la tête du propriétaire de cette propriété et le maître des affaires qui se font dans la maison, pensez-vous que cet homme, sans être orgueilleux, n'ait point le droit de se déclarer satisfait de lui-même; le pensez-vous?

Ainsi s'exprimait Walter Wilding dans son propre bureau, s'adressant à son homme de loi, et tout de suite, pour joindre l'action à la parole, il prit son chapeau, s'en coiffa, et remit ensuite ce meuble où il l'avait pris. Il fit tout cela sans outre-passer les bornes de la modestie qui lui était naturelle, car il était né modeste.

C'était un homme à l'air simple et franc, le plus naïf des hommes, que Walter Wilding, avec son teint blanc et rose et son heureuse corpulence, étonnante chez un garçon de vingt-cinq ans. Ses cheveux bruns frisaient avec grâce, ses beaux yeux bleus avaient un attrait extraordinaire. Le plus communicatif des hommes aussi bien que le plus candide, — jamais il ne trouvait assez de paroles pour épancher sa gratitude et sa joie quand il croyait avoir quelque motif d'être reconnaissant ou joyeux.

Bintrey, au contraire, était un prudent compagnon, la réserve même. Ses yeux pouvaient être comparés à deux petits globules clignotants qui sortaient de deux grosses paupières au milieu d'une grosse tête chauve. En ce moment, Wilding le réjouissait fort, il trouvait que le franc langage du jeune homme et la simplicité de son cœur étaient deux choses bien comiques.

— Oui, — fit-il, — je pense que vous avez le droit d'être satisfait.... Oui, vraiment... Ah! ah!

Il y avait sur le bureau, des biscuits, une carafe, et deux verres.

— Aimez-vous le vieux Porto de quarante-cinq ans? — dit Wilding.

— Si je l'aime? — répéta Bintrey, — mais vous m'en avez fait assez boire...

— C'est du meilleur coin de notre meilleure cave, — s'écria Wilding.

— Eh! oui. Je vous remercie, monsieur... excellent vin!

Puis il se mit à rire de nouveau tout en élevant son verre et lui faisant les doux yeux. Il lui paraissait aussi bien plaisant qu'on pût se séparer sans regret d'un pareil vin et surtout le faire boire gratis à personne.

— Maintenant, — reprit Wilding, qui apportait jusque dans la discussion des affaires une gaieté d'enfant, — je crois que nous avons tout arrangé, Monsieur Bintrey, et le mieux du monde.

— Le mieux du monde, — reprit Bintrey.

— Nous nous sommes assuré un associé.

— Oui, nous nous sommes assuré un associé!... Oui, vraiment!

— Nous demandons dans les journaux une femme de charge.

— Une femme de charge.... nous la demandons dans les journaux. « S'adresser au Carrefour des Éclop-pés, Great Tower Street, de dix heures à midi. » Voilà l'annonce.

— Les affaires de feu ma pauvre mère sont réglées, — dit Walter.

— Réglées, — fit l'écho.

— Et tous les frais payés.

— Payés, — dit Bintrey avec son gros rire.

Et pourquoi Bintrey riait-il? C'est qu'il pensait qu'il y avait vraiment au monde des gens assez simples, pour payer des frais sans discuter.

— Feu ma pauvre chère mère, — continua Wilding, — c'est un plaisir pour moi que de parler d'elle... mais c'est un plaisir qui m'accable... vous savez combien je l'aimais et combien je lui étais cher. Certes nous avions l'un pour l'autre le plus grand amour qui puisse exister entre une mère et son fils; et, depuis le jour où elle m'avait pris sous sa garde, jamais nous n'avons connu un moment de discussion ou d'humeur. C'est un bonheur qui n'a duré que treize ans; n'est-ce pas bien court? je n'ai vécu que treize ans auprès de ma chère mère et ce n'était que depuis huit ans qu'elle m'avait reconnu confidentiellement pour son fils. Vous connaissez cette triste histoire, Monsieur Bintrey. Qui la connaîtrait, si ce n'était vous?

Wilding se prit à sangloter.

Tandis qu'il essuyait ses larmes, que faisait Bintrey?

Il savourait son Porto à petites gorgées qu'il promenait dans sa bouche.

— Je sais l'histoire... — dit-il... — Oui... oui.... je la sais.

— Ma pauvre mère, — reprit Wilding. — Elle avait été cruellement trompée, et comme elle en a souffert! Mais ses lèvres sont toujours restées muettes à ce sujet. Par qui a-t-elle été trompée et dans quelles circonstances ce grand malheur lui est-il arrivé, monsieur? Dieu seul le sait. Ma pauvre chère mère n'a jamais voulu trahir le secret de celui qui avait trahi sa confiance, jamais...

— Elle avait résolu de se taire, — interrompit Bintrey promenant de nouveau cet excellent vin dans son gosier; — elle a dû garder le silence.

A quoi il ajouta mentalement, avec un petit clignement d'yeux : —

— Et cela, beaucoup mieux que vous ne pourrez jamais le faire, vous qui aimez tant à parler.

— « Tes père et mère honoreras, » — reprit Wilding qui sanglotait toujours... — « afin de vivre longuement. » Quand j'étais aux Enfants Trouvés, Monsieur Bintrey, je me sentais intérieurement si peu disposé à souscrire de bon cœur à ce commandement que je croyais bien n'avoir pas beaucoup de temps à vivre. Cependant je suis arrivé bien vite à honorer ma mère profondément, de toute mon âme, et je révère maintenant sa mémoire.

— Vous la révérez? — dit Bintrey.

— Pendant sept heureuses années, — continua Wilding avec le même accent de simple et virile douleur et sans songer à rougir de ses larmes, — pendant sept ans, mon excellente mère fut ici l'associée de mes prédécesseurs Pebblesson Neveu. Lorsque j'atteignis ma majorité, elle me transmit la part dont elle avait hérité dans cette maison, puis elle racheta pour moi la part de Pebblesson; elle me laissa tout ce qu'elle possédait, tout, hormis cet anneau de deuil que vous portez au doigt... Elle n'est plus! Il n'y a pas six mois qu'elle vint un matin au Carrefour des Eclopppés pour y lire de ses yeux la nouvelle enseigne : Wilding et Co, Et pourtant elle n'est plus!

— Triste!.... fort triste !.... — murmura Bintrey, — mais c'est le sort commun à un moment ou à un autre : ne devons-nous pas tous cesser d'être?

Ce disant, il le prouva bien en achevant de vider la bouteille de Porto. Ce Porto de quarante-cinq ans avait aussi cessé d'être. Bintrey poussa un large soupir.

— Et puisque je l'ai perdue, — reprit Wilding en essuyant ses larmes, — il ne me reste plus qu'à nourrir éternellement son souvenir et mes regrets. La chère femme! Mon cœur se sentit entraîné vers elle dès la première fois que je la vis; c'était l'instinct de la nature... je ne pouvais pourtant la prendre alors que pour une dame étrangère. C'était un Dimanche, nous finissions de dîner là-bas aux Enfants Trouvés... Ah! vous savez bien, Monsieur Bintrey, que je ne rougis point d'avoir été aux Enfants Trouvés. Moi, qui ne me suis jamais connu de père, je désire être un père pour tous ceux qui travaillent sous mes ordres...

— Honnête désir, — fit observer Bintrey.

— C'est pourquoi, — continua Wilding qui s'animait et se noyait même un peu dans le flot montant de son éloquence, — c'est pourquoi je demande dans les journaux une excellente femme de charge, pour prendre soin de la maison d'habitation de Wilding et Co., marchand de vins, Carrefour des Eclopp és. Je veux rétablir chez moi quelques-uns de nos anciens usages et les rapports touchants qui existaient autrefois entre le patron et l'employé. Il me plaît de vivre à l endroit où je gagne mon argent. Je veux, chaque jour, m'asseoir au haut bout de la table à laquelle les gens qui me servent viendront s'asseoir ; et nous mangerons ensemble du même rôti, du même bouilli, et nous boirons la même bière ; et mes serviteurs dormiront sous le même toit que Walter Wilding! Et tous tant que nous sommes... Je vous demande pardon, Monsieur Bintrey, voilà que mes bourdonnements dans la tête vont me reprendre... je vous serais obligé si vous me conduisiez à la pompe.

Alarmé par l'excessive coloration du visage de son client, Bintrey ne perdit pas un moment pour l'entraîner dans la cour. C'était chose facile, car le cabinet dans lequel ils causaient tous les deux y donnait accès de plain-pied du côté de la maison d'habitation. Là, l'homme d'affaires, obéissant à un signe du malade, se mit à pomper de toutes ses forces. Wilding se lava la figure et la tête et but de bon cœur ; après quoi il déclara se sentir mieux.

— Voyez! — dit Bintrey, — voilà ce que c'est que de vous laisser échauffer par vos bons sentiments!

Ils regagnèrent le bureau, et tandis que Wilding s'essuyait, l'homme de loi le grondait toujours.

— Bon ! — dit le jeune homme, — n'ayez pas peur. Je n'ai pas divagué, n'est-ce pas?

— Pas le moins du monde. Vous avez été parfaitement raisonnable.

— Où en étais-je, Monsieur Bintrey?

— Vous en êtes resté... mais, à votre place, je ne voudrais pas m'agiter en reprenant ce sujet quant à présent...

— J'y veillerai, je serai sur mes gardes, — dit Wilding. — A quel endroit ce diable de bourdonnement m'a-t-il pris ?

— Au rôti, au bouilli, et à la bière. Vous disiez : Logeant sous le même toit, afin que nous puissions tous tant que nous sommes...

— Tous tant que nous sommes !... Ah ! c'est cela... Tous tant que nous sommes, bourdonnant ensemble...

— Là.... là.... — interrompit Bintrey. — Quand je vous disais que vos bons sentiments ne sont propres qu'à vous exalter, à vous faire du mal... Voulez-vous encore essayer de la pompe?

— Non ! non ! c'est inutile. Je vais bien, Monsieur Bintrey. Je reprends donc : Afin que nous puissions, tous tant que nous sommes, formant une sorte de famille.... Voyez-vous, je n'ai jamais été accoutumé à l'existence personnelle que tout le monde mène dans son enfance. Plus tard j'ai été absorbé par ma pauvre chère mère. Après l'avoir perdue, je me suis trouvé bien plus apte à faire partie d'une association qu'à vivre seul. Je ne suis rien par moi-même... Ah ! Monsieur Bintrey, faire mon devoir envers ceux qui dépendent de moi et me les attacher sans réserve, cette idée revêt à mes yeux un charme tout patriarcal et ravissant! Je ne sais quel effet elle peut produire ur vous...

— Sur moi? — répliqua Bintrey, — il n'importe guère. Que suis-je en cette circonstance? Rien. C'est vous qui êtes tout, Monsieur Wilding? Par conséquent, l'effet que vos idées peuvent produire sur moi est ce qu'il y a de plus indifférent au monde.

— Oh! — s'écria Wilding avec un feu extraordinaire, — mon plan me paraît, à moi, délicieux...

— En vérité! — interrompit brusquement l'homme d'affaires, — si j'étais à votre place, je ne voudrais pas m'agi...

— Ne craignez rien, — fit Wilding. — Tenez! — continua-t-il en prenant sur un meuble un gros livre de musique. — Voici Haëndel.

— Haëndel, — répéta Bintrey avec un grognement menaçant, — qui est cela?

— Haëndel!.... Mozart, Haydn, Kent, Purcel, le Docteur Arne, Greene, Mendelssohn, je connais tous les chœurs de ces maîtres. C'est la collection de la chapelle des Enfants Trouvés. Les belles antiennes! Pourquoi ne les apprendrions-nous pas ensemble?

— Ensemble? que veut dire cet « ensemble? » — s'écria l'homme d'affaires exaspéré, — qui apprendra ces antiennes?

— Qui?... le patron et les employés.

— A la bonne heure! c'est autre chose.

Pendant un moment il avait cru que Wilding allait

lui répondre : l'homme d'affaires et le client : vous et moi !

— Non, ce n'est pas autre chose, — reprit Wilding, — c'est la même chose. La musique doit surtout servir de lien entre nous. Monsieur Bintrey, nous formerons un chœur dans quelque paisible église, près du Carrefour des Écloppés. Après que nous aurons, avec joie, chanté ensemble, nous reviendrons ici dîner ensemble avec plaisir. Ce qui me préoccupe maintenant, c'est de mettre ce système en pratique dans le plus bref délai possible, de façon que mon nouvel associé se trouve établi en arrivant dans la maison.

— Grand bien vous fasse ! — s'écria Bintrey en se levant. — Est-ce que Laddle sera aussi l'associé de Haëndel, Mozart, Haydn, Kent, Purcel, le Docteur Arne, Greene, et Mendelssohn ?

— Je l'espère.

— Je souhaite que ces messieurs en soient contents, reprit Bintrey. — Adieu, monsieur.

Ils se serrèrent la main et se séparèrent. A peine Bintrey s'était-il éloigné que l'on frappa à la porte. Quelqu'un entra dans le bureau de Wilding par une porte de communication qui s'ouvrait dans la salle où se tenaient les commis. C'était le chef des garçons de cave de Wilding et Co., jadis chef des garçons de cave de Pebblesson Neveu, Joey Laddle, lui-même, un homme lent et grave, — comme architecture humaine un portefaix. Il était vêtu d'un vêtement froncé et d'un tablier à bavette qui ressemblait à la fois à un paillasson et à la peau d'un rhinocéros.

— ... Quant à la même nourriture et au même logement, Monsieur Wilding, mon jeune maître.... — dit, en entrant, d'un ton bourru.

— Quoi! Joey...

— Eh bien! s'il faut parler pour moi, Monsieur Wilding... et jamais je n'ai parlé ni ne parlerai pour d'autres que pour moi,... je n'ai aucun besoin, ni d'être nourri, ni d'être logé. Si cependant vous désirez me loger et me nourrir, soit... je puis manger comme tout le monde et je me soucie moins de l'endroit où je mangerai que de ce qu'on me fera manger, ne vous en déplaise. Est-ce que tous vos employés vont aussi vivre chez vous, mon jeune maître? Les deux autres garçons de cave, les trois porteurs, les deux apprentis, les hommes de journée... tout le monde?

— Oui, Joey... et j'espère que nous formerons une famille unie.

— Bon, — dit Joey, — je l'espère pour eux.

— Pour eux?.... Dites aussi pour nous.

Joey Laddle secoua la tête.

— Ne comptez pas trop sur moi pour cela, Monsieur Wilding, mon jeune maître. Ce n'est pas à mon âge, et après les circonstances qui ont formé mon caractère, qu'on se prend tout d'un coup à aimer la société. Lorsque Pebblesson Neveu me disaient : « Joey, tâche donc de prendre une figure plus enjouée, » je leur ai souvent répondu : « C'est bon à vous qui êtes accoutumés à boire le vin, d'avoir un visage gai. Moi je ne fais que le respirer par les pores de ma peau. Pris de cette façon, il agit différemment. Autre chose, messieurs, de remplir vos verres dans une bonne salle à manger, bien chaude, en poussant un Hip hurrah! vigoureux et en portant des toasts aux convives; autre chose de s'en remplir soi-même par les pores et par les poumons, au fond d'une cave basse et noire et dans une atmosphère moisie. » Je disais cela à Pebblesson Neveu. Ah! Monsieur Wilding, mon jeune maître, j'ai été garçon de cave toute ma vie, j'ai appliqué toute mon intelligence au travail, et me voilà aussi abruti qu'un homme peut l'être. Allez! vous ne trouverez pas plus abruti que moi. Vous ne trouverez pas non plus mon égal en humeur noire. Chantez, videz gaiement vos verres. On dit que chaque goutte que vous répandez sur vous efface une ride... je ne dis pas non. Mais essayez de humer le vin par vos pores quand vous n'en avez pas besoin. Et vous verrez.

— Je suis désolé de ce que vous me dites, Joey, — répondit Wilding. — Et moi qui avais espéré que vous réuniriez une classe de chant dans cette maison.

— Moi, monsieur!... Monsieur Wilding, mon jeune maître, vous ne prendrez pas Joey Laddle à s'occuper d'harmonie! Une machine à avaler, monsieur, c'est tout ce que je puis être en dehors de mes caves! L'estomac n'est pas mauvais. Cependant, je vous remercie, puisque vous pensez que je vaux la peine que vous voulez prendre en me faisant vivre chez vous.

— Je le veux, Joey.

— N'en parlons plus, monsieur. C'est dit... Mais, monsieur, n'êtes-vous pas sur le point de prendre le jeune George Vendale comme associé dans cette maison ?

— Oui.

— Un changement de plus. Au moins ne changez pas encore la raison sociale. Ne faites pas cela. Vous l'avez déjà fait une fois. Et je vous le demande, n'aurait-il pas mieux valu conserver « Pebblesson et Co. », qui avaient toujours eu de la chance ? On ne doit point risquer de changer la chance quand elle est bonne.

— Je ne modifierai point la raison sociale, Joey.

— Je suis content de l'apprendre, Monsieur Wilding, et je vous souhaite le bonjour. Mais vous auriez certainement mieux fait de conserver « Pebblesson et Co. » Vous auriez mieux fait.

LA FEMME DE CHARGE ENTRE.

Le lendemain, Walter Wilding était assis dans la salle à manger, prêt à recevoir les postulantes à ces hautes fonctions de femme de charge qu'il allait créer dans sa maison. Cette salle était une pièce entièrement boisée, parquetée de chêne, avec un tapis de Smyrne fort usé, le meuble était en acajou noir, un vieux serviteur de meuble qui avait connu plus d'une fois le baiser réparateur du vernis sous Pebblesson. Le grand buffet avait vu bien des dîners d'affaires que Pebblesson Neveu ne marchandait pas à sa clientèle, ayant pour principe qu'un bon commerçant ne doit jamais hésiter à donner libéralement un œuf pour recevoir un bœuf. Trois grands réchauds dormaient sur la grande cheminée qu'ils couvraient presque tout entière en compagnie d'une cave à vins qui affectait la forme d'un sarcophage, et qui avait, en effet, dans son temps, enseveli bien des liqueurs. Mais le vieux célibataire rubicond, en grande perruque à marteau, dont le portrait était accroché à la muraille, au-dessus de ce majestueux buffet, et qu'on pouvait reconnaître pour Pebblesson (pas le neveu) ne s'était-il pas avisé, lui aussi, d'aller habiter un sarcophage? Depuis lors ces réchauds étaient demeurés froids, aussi froids que le vieux négociant lui-même.

Tout, d'ailleurs, dans ce vieux logis, avait un air de vétusté glacée. Les griffons noir et or qui supportaient les candélabres, tenant des boules noires et des chaînes d'or dans leurs gueules, montraient une mine piteuse qui semblait demander grâce pour une attitude si gênante et qu'ils gardaient depuis si longtemps. On voyait bien qu'à leur âge ils ne se sentaient plus le cœur de jouer à la balle. Ils secouaient leurs chaînes comme pour protester qu'ils avaient bien acquis le droit d'être libres. Et, cependant, ils demeuraient enchaînés à la même place, devant les mêmes objets qu'ils regardaient avec tant d'ennui, depuis tant d'années, et rien ne changeait dans l'antique maison, rien que les maîtres!...

Justement cette matinée d'été vit un événement

aussi surprenant que la découverte d'un nouveau monde par le vieux Colomb. Le ciel, à force de regarder d'en haut, découvrit le Carrefour des Écloppés. La lumière et la chaleur y pénétrèrent. Un rayon s'en vint jouer sur un portrait de femme suspendu au-dessus de la cheminée et qui composait, avec le portrait de Pebblesson l'oncle, la seule décoration de la salle à manger de Wilding.

Wilding contemplait cette peinture.

— Ma mère à vingt-cinq ans, — se disait-il.

Et ses yeux suivaient avec ravissement ce rayon béni... Il pensait qu'il avait accroché là cette toile afin que les visiteurs pussent admirer sa mère dans tout l'éclat de sa jeunesse et de sa beauté. Quant à un autre portrait qui avait été fait de la morte, alors qu'elle avait cinquante ans, il l'avait mis dans sa chambre à coucher comme un souvenir avec lequel il voulait toujours vivre...

— Quoi! c'est vous, Jarvis, — dit-il.

Ces mots s'adressaient à un de ses commis qui venait de passer la tête par la porte entre-bâillée.

— Oui, — répliqua Jarvis, — je voulais seulement vous dire, monsieur, qu'il va être dix heures et que plusieurs femmes attendent dans le bureau.

— Mon Dieu! — s'écria Wilding, qui rougit et qui pâlit en même temps, — sont-elles vraiment plusieurs?... J'aurais mieux fait de les faire introduire quand il n'y en avait qu'une ou deux. Je les recevrai donc, chacune à son tour, Jarvis, dans l'ordre de leur arrivée.

Ce disant, il se retrancha derrière la table, s'enfonça bien dans son fauteuil, et mit devant lui un grand encrier, puis il donna l'ordre d'introduire les postulantes.

Il lui arriva ce qui doit arriver en semblable circonstance à tout célibataire connu pour être à son aise. Wilding vit défiler devant lui l'espèce ordinaire des femmes répugnantes et l'ordinaire espèce des femmes trop sympathiques. La première qui se présenta fut la veuve d'un boucanier déterminée à s'emparer de lui quand même; elle étreignait son parapluie sous son bras comme si elle se fût imaginé que ce parapluie était Walter Wilding lui-même et qu'elle le tenait déjà dans ses serres. Vinrent ensuite plusieurs de ces vieilles filles qui « ont vu de meilleurs jours » et qui arrivent armées de certificats cléricaux attestant que la théologie ne leur est point étrangère; puis ce fut le tour des demoiselles, qui s'offraient à Wilding pour l'épouser sans façon. Il vint encore des femmes de charge de profession, aux allures militaires, qui lui firent subir un interrogatoire en règle sur ses mœurs et ses habitudes; de languissantes malades pour qui la question des gages n'était que secondaire et qui recherchaient surtout le comfort d'un hospice particulier; de sensibles créatures qui éclataient en pleurs dès que Wilding leur adressait une question et auxquelles il dut faire boire plusieurs verres d'eau sucrée pour les apaiser, etc.

Le courage de Wilding allait lui manquer quand une nouvelle venue se présenta.

C'était une femme de cinquante ans environ, bien qu'à certains moments elle parût plus jeune, par exemple quand elle souriait. Sa figure avait une remarquable expression de gaieté placide, qui semblait indiquer une égalité de caractère toujours bien rare. On n'aurait pu désirer une attitude meilleure ni mieux soutenue, et il n'était pas jusqu'au son de sa voix qui ne fût en parfaite harmonie avec la réserve de ses manières. Wilding acheva d'être séduit, lorsqu'à la question suivante qu'il lui fit avec douceur : —

— Quel nom inscrirai-je, madame?

Elle répondit : —

— Je me nomme Sarah Goldstraw. Mon mari est mort depuis de longues années. Je n'ai pas d'enfants.

Cette voix frappa si agréablement l'oreille de Wilding, tandis qu'il prenait ses notes, qu'il ne se hâta point de les prendre et qu'il pria Madame Goldstraw de lui répéter son nom. Lorsqu'il releva la tête, le regard de l'étrangère venait de se promener autour de la chambre et retournait vers lui.

— Vous m'excuserez de vous adresser encore quelques questions? — fit Wilding.

— Certainement, monsieur, si je ne voulais pas être interrogée, je n'aurais rien à faire ici.

— Avez-vous déjà rempli les fonctions de femme de charge?

— Une fois seulement. J'ai servi une dame qui était veuve. Je l'ai servie pendant douze ans. C'était une pauvre malade qui est morte récemment, et c'est pourquoi vous me voyez en deuil.

— Je suis persuadé que cette dame a dû vous laisser les meilleures lettres de crédit? — reprit Wilding.

— Je crois qu'il m'est bien permis de dire que ce

sont les meilleures qu'on puisse avoir, — répliqua-t-elle. — J'ai pensé que je vous épargnerais du temps et de la peine en prenant par écrit le nom et l'adresse des correspondants de cette dame, et je vous les ai apportés, monsieur.

Elle déposa une carte sur la table.

— Madame Goldstraw, — dit Wilding en prenant la carte, — vous me rappelez étrangement... Vous me rappelez des manières et un son de voix auxquels j'ai été accoutumé jadis... Oh! j'en suis sûr, bien que je ne puisse déterminer en ce moment ce qui se passe dans mon esprit... Mais votre air et votre attitude sont ceux d'une personne... Je devrais ajouter que cette personne était bonne et charmante.

Madame Goldstraw sourit.

— Eh bien! monsieur, — dit-elle, — j'en suis ravie.

— Oui, — reprit Wilding, répétant tout pensif ce qu'il venait de dire, — oui, charmante et bonne.

En même temps il jetait un regard à la dérobée sur sa future femme de charge.

— Mais sa grâce et sa bonté, c'est tout ce que je me rappelle. La mémoire est fugitive, et le souvenir est quelquefois comme un rêve à demi effacé. Je ne sais ce que vous pensez à ce sujet, Madame Goldstraw, mais c'est mon sentiment à moi.

Il est probable que c'était aussi le sentiment de Madame Goldstraw, car elle répondit par un signe d'assentiment. Wilding lui offrit de la mettre lui-même en communication immédiate avec le gentleman dont elle lui avait remis la carte; c'était un homme d'affaires qui habitait Doctors' Commons. Madame Goldstraw lui en témoigna sa reconnaissance, et comme Doctor's Commons n'était pas fort éloigné, Wilding la pria de repasser au bout de trois heures.

Les renseignements furent excellents. Wilding gagea donc Madame Goldstraw cette même après-midi. Elle devait entrer le lendemain et s'installer en qualité de femme de charge au Carrefour des Éclopпés.

LA FEMME DE CHARGE PARLE.

Madame Goldstraw s'installa sans bruit dans la chambre qui lui avait été assignée; elle n'était point femme à déranger les domestiques, et, sans perdre de temps, elle se fit annoncer chez son nouveau maître pour lui demander ses instructions. Wilding la reçut dans la salle à manger, comme la veille. Ce fut là qu'après avoir échangé les civilités d'usage, ils s'assirent tous les deux pour tenir conseil sur les affaires de la maison.

— En ce qui concerne les repas, monsieur, — dit Madame Goldstraw, — aurai-je à m'en occuper pour un grand nombre de personnes ou pour vous seulement?

— Si je puis mettre à exécution un vieux projet que j'ai mûri, — répliqua Wilding, — vous aurez beaucoup de monde à table. Je suis garçon, Madame Goldstraw, et je désire vivre avec toutes les personnes que j'emploie comme si elles étaient de ma famille. Jusqu'à ce que ce projet s'accomplisse, vous n'aurez à songer qu'à moi et à mon nouvel associé; je ne puis vous renseigner sur ce point quant à ce qui le concerne; mais, pour moi, je puis bien me donner à vous comme un homme d'habitudes régulières et d'un appétit invariable...

— Et les déjeuners? — interrompit Madame Goldstraw, — y a-t-il quelque chose de particulier, monsieur, pour vos déjeuners ?

Elle s'interrompit elle-même et laissa sa phrase inachevée. Ses yeux se détournaient de son maître et se dirigeaient vers la cheminée et vers ce portrait de femme... Si Wilding n'eût pas tenu désormais pour certain que Madame Goldstraw était une personne expérimentée et sérieuse, il eût pu croire que ses pensées s'égaraient un peu depuis le commencement de cet entretien.

— Je déjeune à huit heures, — dit-il; — j'ai une vertu et un vice : jamais je ne me fatigue de lard grillé et je suis extrêmement difficile quant à la fraicheur des œufs.

Le regard de Madame Goldstraw se reporta enfin vers lui, mais à défaut de son regard, l'esprit de la femme de charge était encore partagé entre son maître et le portrait...

— Je prends du thé, — continua Wilding, — et peut-être suis-je un peu nerveux et enclin à l'impatience lorsque je le prends trop longtemps après qu'il a été fait... Si mon thé...

Ce fut à son tour de s'arrêter tout net et de ne point

achever sa phrase. S'il n'avait pas été engagé dans la discussion d'un sujet aussi intéressant que celui là, Madame Goldstraw, en vérité, aurait pu croire que ses pensées, à lui aussi, commençaient à s'égarer.

— Si votre thé attend, monsieur.... — reprit-elle, renouant poliment le fil perdu de ce bizarre entretien.

— Si mon thé ?... — répéta machinalement Wilding; il s'éloignait de plus en plus de son déjeuner; ses yeux se fixaient avec une curiosité croissante sur le visage de sa femme de charge. — Si mon thé !... Mon Dieu, Madame Goldstraw, quels sont donc ces allures et ce son de voix que j'ai connus et que vous me rappelez? Ce souvenir me frappe aujourd'hui plus fortement encore que la première fois que je vous ai vue. Quel peut-il être ?

— Quel peut-il être?... — répéta Madame Goldstraw.

Ces derniers mots, elle les avait dits de l'air d'une personne qui songeait à tout autre chose. Wilding, qui ne cessait point de l'examiner, remarqua que ses yeux erraient sans cesse du côté de la cheminée. Il les vit se fixer sur le portrait de sa mère. En même temps les sourcils de Madame Goldstraw se contractèrent légèrement comme si elle faisait à cet instant un effort de mémoire dont elle avait à peine conscience.

— Feu ma pauvre chère mère, — lui dit-il, — quand elle avait vingt-cinq ans.

Madame Goldstraw le remercia d'un geste, pour la peine qu'il venait de prendre en lui nommant l'original de cette peinture. Son visage aussitôt se rasséréna. Elle ajouta poliment que ce portrait était celui d'une bien jolie dame.

Wilding ne lui répondit pas. Il était déjà retombé dans cette perplexité qui le tourmentait depuis une heure et dont il ne pouvait plus se défendre. Encore une fois il tenta de rassembler sa mémoire. Où donc avait-il vu cet air de figure, où donc avait-il entendu ce son de voix que Madame Goldstraw lui rappelait si exactement ?

— Pardonnez-moi, — dit-il, — si je vous fais une nouvelle question, qui n'a trait ni à mon déjeuner ni à moi-même. Puis-je vous demander si vous n'avez jamais occupé d'autre position que celle de femme de charge ?

— Si vraiment, — répliqua-t-elle, — j'ai débuté dans la vie d'une tout autre manière. J'ai été gardienne à l'Hospice des Enfants Trouvés.

— J'y suis ! — s'écria Wilding en repoussant violemment son fauteuil et en se levant. — Par le ciel ! ce sont les façons de ces excellentes femmes que les vôtres me rappellent si bien !

Madame Goldstraw le regarda d'un air stupéfait et pâlit. Elle se contint pourtant, baissa les yeux, et se tut.

— Qu'y a-t-il ?.... — demanda Wilding. — Quelle est votre pensée ?....

— Monsieur, — balbutia la femme de charge, — dois-je conclure de ce que vous venez de dire, que vous ayez été aux Enfants Trouvés ?

— Certainement ! — s'écria-t-il. — Je ne rougis pas de l'avouer.

— Vous avez été aux Enfants ?... Sous le nom que vous portez aujourd'hui ?

— Sous le nom de Walter Wilding.

— Et la dame?...

Madame Goldstraw s'arrêta court, regardant encore le portrait. Ce regard exprimait maintenant, à ne point s'y méprendre, un vif sentiment d'alarme.

— Vous voulez parler de ma mère, — dit Wilding.

— Votre mère, — répéta-t-elle d'un air contraint, — votre mère vous a retiré de l'Hospice... Quel âge aviez-vous alors, monsieur?

— Onze ans et demi, Madame Goldstraw... Oh! c'est une aventure romanesque.

Il raconta l'histoire de la dame voilée qui lui avait parlé à l'Hospice, pendant le dîner des Enfants, et tout ce qui avait suivi cette rencontre. Il fit ce récit de ce ton communicatif, avec cet air de simplicité qu'il employait en toutes choses.

— Ma pauvre chère mère, — continua-t-il, — n'aurait jamais pu me reconnaître, si elle n'avait su émouvoir par sa douleur une femme de la maison qui eut pitié d'elle. Cette femme lui promit de toucher du doigt le petit Walter Wilding, en faisant sa ronde dans la salle... Ce fut ainsi que je retrouvai ma pauvre chère mère, après avoir été séparé d'elle depuis que j'étais au monde. Et, je vous l'ai dit, j'avais alors plus de onze ans.

Madame Goldstraw écoutait avec attention. Sa main, qu'elle avait posée sur la table, retomba inerte et froide sur ses genoux. Elle regarda fixement son nouveau maître, et son visage se couvrit d'une pâleur mortelle.

— Qu'avez-vous, — s'écria Wilding, — qu'est-ce que cette émotion veut dire?... De grâce, savez-vous quelque autre chose du passé?... Avez-vous été mêlée à quelque autre incident qu'on ne m'a point fait connaître? Je me souviens que ma mère m'a parlé d'une autre personne de la maison, envers qui elle avait contracté une dette éternelle de reconnaissance. Lorsqu'elle s'était séparée de moi à ma naissance, une gardienne avait eu l'humanité de lui apprendre le nom qu'on m'avait donné. Cette gardienne, c'était vous.

— Que Dieu me pardonne! — répéta Madame Goldstraw, — c'était moi.

— Que Dieu vous pardonne! — répéta Wilding épouvanté. — Et qu'avez-vous donc fait de mal en cette occasion?... Expliquez-vous, Madame Goldstraw.

— Je crois, — dit la femme de charge, — que nous ferions mieux d'en revenir à mes devoirs dans votre maison. Excusez-moi si je vous rappelle au sujet de notre entretien, monsieur. Vous déjeunez donc à huit heures?... N'avez-vous pas l'habitude de faire un lunch?...

— Un lunch! — fit Wilding.

Cette terrible rougeur qui avait si fort effrayé, la veille, Bintrey, l'homme de loi, reparut sur le visage du jeune négociant. Wilding porta la main à sa tête. Visiblement il cherchait à remettre un peu d'ordre dans ses pensées avant que de reprendre la parole.

— Vous me cachez quelque chose, — dit-il brusquement à Madame Goldstraw.

— Je vous en prie, monsieur, faites-moi la grâce de me dire si vous prenez un lunch? — repartit la femme de charge.

— Je ne vous ferai point cette grâce, je ne reviendrai pas à notre sujet, Madame Goldstraw, entendez-vous, je n'y reviendrai pas avant que vous m'ayez dit pourquoi vous regrettez si peu d'avoir fait du bien à ma mère en cette circonstance terrible, — s'écria Wilding hors de lui. — Ma mère m'a parlé de vous avec un sentiment de gratitude inépuisable jusqu'à la fin de sa vie, et sachez bien que c'est me rendre un mauvais service que de vous taire et de ne point me répondre. Vous m'agitez, vous m'inquiétez, vous allez être la cause que mes étourdissements vont revenir.

Il porta encore la main à son front et de rouge qu'il était son visage devint violet.

— Il est dur pour moi, monsieur, au moment où j'entre à votre service, il est bien dur de vous dire une chose qui pourra me coûter la perte de vos bonnes grâces et de votre bienveillance, — répliqua lentement Madame Goldstraw. — Je vous prie seulement de remarquer, quoi qu'il advienne, que je ne suis pas libre de ne pas vous obéir. C'est vous qui me forcez à parler quand j'aurais été heureuse de me taire, et je ne romps le silence que parce qu'il vous alarme. Sachez donc que lorsque j'appris à la pauvre dame dont le portrait est là le nom sous lequel son enfant avait été baptisé, je manquai à tous mes devoirs. Mon imprudence a eu des suites fatales. Mais je vous dirai pourtant la vérité. Quelques mois après que j'eus fait connaître à cette dame le nom de son enfant, une autre dame étrangère se présenta dans la maison, désirant d'adopter un de nos petits garçons. Elle en avait apporté l'autorisation préalable et régulière; elle examina un grand nombre d'enfants sans se décider en faveur d'aucun; puis, ayant vu par hasard un de nos plus jeunes babies... un petit garçon aussi... confié à mes soins... je vous en prie, tâchez de demeurez maître de vous, monsieur... Il n'est pas nécessaire de prendre plus de détours, en vérité. L'enfant que la dame étrangère emmena avec elle était celui de la dame dont voici le portrait.

Wilding se leva en sursaut.

— Impossible!...—s'écria-t-il, — que me racontez-vous là?... Quelle histoire absurde!... Regardez ce portrait... ne vous l'ai-je pas déjà dit?... C'est le portrait de ma mère!...

— Quand cette malheureuse dame, dont vous me montrez l'image, vint, au bout de quelques années, vous retirer de l'Hospice, — reprit Madame Goldstraw d'une voix ferme, — elle fut victime... et vous aussi, monsieur... d'une terrible méprise.

Wilding retomba lourdement sur son fauteuil.

— Il me semble que la chambre tourne autour de moi!... — fit-il. — Ma tête!... ma tête!...

La femme de charge, tout éperdue, courut à la fenêtre qu'elle ouvrit, puis à la porte pour appeler du secours; mais un torrent de pleurs, s'échappant à grand bruit des yeux de Wilding, vint heureusement le soulager. D'un signe, il pria Madame Goldstraw de ne point le quitter. Elle attendit la fin de cette explosion de larmes. Wilding revint à lui, leva la tête, et considéra sa femme de charge d'un air soupçonneux et irrité, avec toute la déraison d'un homme faible.

— Méprise!... méprise!... — s'écria-t-il, répétant le dernier mot qu'il avait dit. — Méprise!... — continua-t-il d'un ton farouche. — Et si vous me trompiez vous-même!...

— Malheureusement, — dit-elle, — je ne puis avoir commis une erreur. Je vous dirai pourquoi dès que vous serez en état de m'entendre.

— Tout de suite!... tout de suite!... — reprit Wilding. — Ne perdons pas un moment.

L'air égaré avec lequel il lui enjoignait de parler fit comprendre à Madame Goldstraw qu'il serait d'une générosité cruelle et maladroite de lui laisser un seul moment d'espérance. Il suffisait maintenant d'un mot pour mettre à jamais un terme à cette illusion qu'il aurait voulu garder. Ce mot, qui allait l'accabler, elle devait le lui dire.

— Je viens de vous apprendre, — dit-elle, — que l'enfant de la dame dont vous avez le portrait avait été adopté et emmené par une autre dame étrangère. — Vous me voyez aussi sûre de ce fait que je le suis d'être ici, auprès de vous en ce moment. Me voici forcée de vous affliger encore, monsieur, et cela contre mon gré. Veuillez me suivre maintenant, vous reporter dans le passé, trois mois après l'événement dont nous parlons. J'étais alors à l'Hospice de Londres, toute prête à emmener, suivant les ordres que j'avais reçus, quelques enfants à notre succursale de la campagne. Il y eut ce jour-là, je m'en souviens, une discussion relative au nom que l'on allait donner à un petit nouveau venu. Nous donnions en général à nos petits anges, des noms que nous prenions tout simplement au hasard dans l'Almanach des Adresses. Ce jour-là, l'un des gentlemen directeurs, qui feuilletait le Registre, trouva que le baby qui venait d'être adopté, Walter Wilding, avait été effacé. « Un nom à prendre, » dit-il; « donnez-le à celui qui vient d'être reçu tout à l'heure. C'est le moyen de vous mettre d'accord. » On appela donc ce nouvel enfant Walter Wilding comme l'autre qui nous avait été retiré... Ce nouvel enfant, c'était vous.

La tête de Wilding retomba sur sa poitrine.

— C'était moi!... — murmura-t-il.

— Peu de temps après votre entrée dans l'Institution, monsieur, — reprit la femme de charge, — je la quittai pour me marier. Si vous voulez ici me prêter toute votre attention, vous allez voir comment une funeste méprise a eu lieu naturellement. Onze ans et demi se passèrent avant que celle que, tout à l'heure, vous croyiez avoir été votre mère, ne retournât à l'Hospice pour y chercher le fils dont elle s'était séparée. Elle savait qu'il s'appelait Walter Wilding, et rien de plus. La servante qu'elle émut par sa douleur ne put lui désigner que le seul Walter Wilding alors connu dans la maison. Moi, qui aurais pu rétablir la vérité des choses, j'étais bien loin alors. Aucun indice, aucun soupçon, aucun doute ne put donc alors empêcher cette cruelle erreur de s'accomplir. Oh! je souffre pour vous, monsieur vous penserez toujours avec raison que le jour où je suis entrée chez vous fut un jour de malheur, j'y suis venue bien innocemment je vous le jure. Et pourtant j'éorouve le sentiment d'une mauvaise action que je viens de commettre. Que n'ai-je pu dissimuler le trouble où la vue de ce portrait et les confidences que vous m'avez faites m'avaient jetée malgré moi! Si j'avais eu la sagesse de me taire, vous n'auriez jamais eu l'occasion d'apprendre toutes ces choses douloureuses et, même à l'heure de votre mort, tranquille et sans inquiétude...

Elle s'arrêta, car Wilding redressa brusquement la tête et la regarda. Son honnêteté native se soulevait dans son cœur et protestait contre ce dernier mot de Madame Goldstraw.

— Entendez-vous par là que vous auriez voulu me cacher tout ceci... — s'écria-t-il, — me le cacher à jamais si vous l'aviez pu ?

— Je me flatte de pouvoir toujours dire la vérité quand on me la demandera, — répondit Madame Goldstraw. — Certes, il vaut mieux pour moi et pour ma conscience de n'être pas chargée d'un pareil secret. Mais cela vaut-il mieux pour vous ? De quelle utilité peut-il vous être, maintenant, de le connaître, le secret qui vous déchire ?

— De quelle utilité ? — répéta Wilding. — Mais, grand Dieu, si cette histoire est vraie !...

— Si elle ne l'était point, vous l'eussé-je racontée, monsieur ? — répliqua-t-elle.

— Je vous demande pardon, — continua Wilding. — Il faut être indulgente pour moi. Je ne puis encore trouver la force d'admettre comme réelle cette terrible découverte. Nous nous aimions si tendrement l'un et l'autre (il montrait le portrait en disant cela). Je sentais si profondément que j'étais son fils... Elle est morte dans mes bras, Madame Goldstraw, morte en me bénissant comme une mère seule peut bénir. Et c'est après tant d'années qu'on vient me dire: Elle n'était pas ta mère !

Malheureusement, — fit Madame Goldstraw, — elle ne l'était pas, mais elle vous aimait...

— Je ne sais ce que je dis ! — s'écria-t-il.

Déjà l'empire passager qu'il avait pu prendre sur lui-même quelques moments auparavant et qui lui avait donné un peu de force s'évanouissait.

— Ce n'était pas à ce terrible chagrin que je songeais tout à l'heure. Non, c'était tout autre chose qui me traversait l'esprit... Oui, oui, vous m'avez surpris et blessé, Madame Goldstraw. Votre langage me donne à supposer que vous regrettez de ne m'avoir point laissé une erreur qui m'était si chère. Ne vous laissez pas aller à de telles pensées, et surtout gardez-vous bien de me les dire. C'eût été un crime que de m'épargner la vérité. Je sais que votre intention était bonne, je le sais ! je ne désire pas vous affliger, vous avez bon cœur. Mais songez à la situation où je me trouve. Dans la fausse conviction que j'étais son fils, *Elle* m'a laissé tout ce qu'elle possédait. Je ne suis pas son fils. J'ai pris la place, j'ai accepté, sans le savoir, la place d'un autre. Cet autre, il faut que je le trouve. L'espoir de le retrouver est le seul qui me relève et me fortifie au milieu de ce terrible chagrin qui me frappe. Vous en devez savoir bien plus que vous ne m'en avez raconté, Madame Goldstraw ? Quelle était cette étrangère qui a adopté l'enfant ? Son nom, vous l'avez entendu ?

— Je ne l'ai jamais entendu... je ne l'ai jamais revue elle-même... je n'ai jamais reçu de ses nouvelles...

— Elle n'a donc rien dit lorsqu'elle a emmené l'enfant?... Rappelez vos souvenirs, elle doit avoir di quelque chose.

— Une seule, monsieur, une seule qui me revienne. Cette année-là, l'hiver avait été très-cruel et beaucoup de nos petits élèves avaient souffert. Lorsqu'elle prit le baby dans ses bras, l'étrangère me dit en riant : « Ne soyez pas en peine pour sa santé. Il grandira sous un climat meilleur que le vôtre. Je vais le conduire en Suisse. »

— En Suisse?... dans quelle partie de la Suisse?

— Elle ne me l'a pas dit.

— Rien que ce faible indice... rien que ce fil léger pour trouver ma route... — murmura Wilding, — et un quart de siècle s'est écoulé depuis ce jour! Que dois-je faire?

— J'espère que vous ne vous offenserez pas de la franchise de mon langage, monsieur, — reprit Madame Goldstraw. — En vérité, je ne vois point pourquoi vous voilà si fort incertain de ce que vous avez à faire. Chercher cet enfant! Qui sait s'il est en vie? Et, monsieur, s'il vit, il ne connaît sûrement pas l'adversité. L'étrangère qui l'a adopté était une femme de condition; elle a dû prouver au directeur de l'Hospice qu'elle était en état de se charger d'un enfant, sans quoi on ne lui aurait point permis de le prendre. Si j'étais à votre place, monsieur, pardonnez-moi de vous parler si librement... je me consolerais en songeant que j'ai aimé la pauvre femme qui est là (elle montrait à son tour le portrait), aussi fortement qu'on aime sa mère et qu'elle a eu pour moi la même tendresse que si j'avais été son fils. Tout ce qu'elle vous a donné, n'est-ce pas en raison de son affection même ? Son cœur ne s'est jamais démenti envers vous durant sa vie; le vôtre, j'en suis bien sûre, ne se démentira jamais envers elle. Quel meilleur droit pouvez-vous avoir à conserver ses présents ?...

— Arrêtez ! — s'écria Wilding.

Sa probité native lui faisait voir le charitable sophisme que lui opposait Madame Goldstraw pour le consoler.

— Vous ne comprenez pas, — reprit-il ; — c'est parce que je l'ai aimée que mon devoir maintenant est de faire justice à son fils. Un devoir sacré, Madame Goldstraw. Oh ! si ce fils est encore au monde, je le retrouverai. Je succomberais, d'ailleurs, dans cette terrible épreuve, si je n'avais la ressource et la consolation de m'occuper tout de suite activement de ce que ma conscience me commande de faire. Il faut que je cause sans retard avec mon homme de loi. Je veux l'avoir mis à l'œuvre avant de m'endormir ce soir.

Il s'approcha d'un tube attaché à la muraille, et par ce moyen appela quelqu'un dans le bureau de l'étage inférieur.

— Veuillez me laisser un moment, Madame Goldstraw, — dit-il, — je serai plus calme et plus en état de causer avec vous dans l'après-midi ! nous nous plairons ensemble, j'en suis sûr, en dépit de ce qui arrive. Oh! ce n'est pas votre faute... Donnez-moi la main, Madame Goldstraw. Et maintenant faites de votre mieux dans la maison...

Comme Madame Goldstraw se dirigeait vers la porte Jarvis parut sur le seuil.

— Envoyez chercher Monsieur Bintrey, — lui dit Wilding, — j'ai besoin de le voir sur-le-champ.

Le commis n'était point venu là seulement pour recevoir un ordre. Quelqu'un le suivait qu'il avait mission d'introduire ; il annonça :

Monsieur Vendale.

Le nouvel associé de Wilding et Co. entra.

— Excusez-moi pour un moment, George Vendale, — dit Wilding, — j'ai encore un mot à dire à Jarvis. Envoyez, envoyez tout de suite chercher Monsieur Bintrey.

Jarvis, avant de quitter la chambre, déposa une lettre sur la table.

— De nos correspondants de Neufchâtel, monsieur, je pense, — dit-il. — Cette lettre porte un timbre Suisse.

NOUVEAUX PERSONNAGES EN SCÈNE.

Ces mots : « Un timbre Suisse, » après ce que Madame Goldstraw venait de lui apprendre, redoublèrent l'agitation de Wilding, au point que son nouvel associé pensa qu'il ne lui était plus permis de ne point s'en apercevoir.

— Wilding, — dit-il vivement, — qu'est-il arrivé ?

Puis il s'interrompit, jetant un regard curieux tout autour de lui, comme s'il cherchait une cause visible à cette scène extraordinaire. Wilding lui saisit la main.

— Mon bon George Vendale.... — s'écria-t-il avec des yeux suppliants.

En même temps, il serrait cette main qu'il tenait dans les siennes, non par forme de politesse ni pour souhaiter la bienvenue à son associé, mais pour lui donner du secours.

— Mon bon George Vendale, — reprit-il à voix basse, — il m'est arrivé tant de choses que je ne pourrai jamais redevenir moi-même. Et qu'est-ce que je dis ?... Comment le pourrais-je, puisque je ne suis plus moi ?

Le nouvel associé, qui était un beau jeune homme, du même âge à peu près que Wilding, à la tournure leste, à l'œil vif et résolu, leva les épaules.

— Comment cesser d'être soi-même ? — fit-il.

— Ah ! du moins, — repartit Wilding, — je ne suis pas ce que je croyais être !

— Pour l'amour du ciel, que croyez-vous donc être que vous n'êtes pas ?

Il y avait dans le ton de Vendale un air de compassion et de franchise qui eût poussé à la confiance un homme autrement réservé que ne l'était Wilding. Aussi quand Vendale lui eut fait observer qu'il pouvait bien l'interroger sans indiscrétion, maintenant que leurs affaires étaient communes et qu'ils étaient associés, il n'y tint plus.

— Là ! George, là encore ! — soupira-t-il, en s'enfonçant dans son fauteuil. — Associés ! Vous me faites souvenir que je n'avais aucun droit de m'introduire dans les affaires ; elles ne m'étaient pas destinées. L'intention de ma mère, c'est-à-dire de la sienne, ne fut jamais que cela fût à moi ; elle voulait certainement que tout fût à lui.

— Voyons, voyons, — fit Vendale, essayant sur Wilding, après un court silence, ce pouvoir que toute nature bien trempée prend toujours sur un cœur faible, surtout lorsqu'elle a le désir bien marqué de venir en aide à sa faiblesse ; — soyez raisonnable, mon cher Walter. S'il s'est fait quelque mal autour de vous et à votre sujet, je suis bien sûr que ce n'est point par votre faute. Ce n'est pas après avoir passé trois ans à vos côtés, dans ces bureaux, *sous l'ancien régime*, que je pourrais douter de vous. Laissez-moi commencer notre association en vous rendant un service. Je veux vous rendre à vous-même. Mais, tout d'abord, dites-moi, cette lettre se rapporte-t-elle en quoi que ce soit à l'affaire qui vous agite ?

— Oh ! oui, — murmura Wilding, — cette lettre !... Cela encore ?... Ma tête !... ma tête !... J'avais oublié cette lettre et cette coïncidence... un timbre de Suisse !

— Bon, — reprit Vendale, — je m'aperçois que ce pli n'a pas été ouvert. Il n'est donc pas probable qu'il a rien de commun avec le trouble où je vous vois. Cette lettre est-elle à votre adresse ou à la mienne ?

— A l'adresse de la maison.

— Si je l'ouvrais et la lisais tout haut pour vous en débarrasser !... Elle est tout simplement de notre correspondant de Neufchâtel, le fabricant de vins de Champagne. Tenez, je la lis : —

« Cher Monsieur,

« Nous recevons votre honorée du 28 dernier nous annonçant « votre association avec M. Vendale, et nous vous prions d'en rece- « voir nos sincères félicitations. Permettez-nous de profiter de « cette occasion pour vous recommander d'une façon toute parti- « culière M. Jules Obenreizer. »

Impossible! — s'écria Vendale. — Impossible!

Wilding releva la tête et tressaillit. Tout l'alarmait depuis le matin.

— Quoi donc? — fit-il. — Qu'est-ce qui est impossible?

— C'est ce nom, — répliqua Vendale en souriant. — S'appelle-t-on Obenreizer, je vous le demande?... Je continue...

« Pour vous recommander d'une façon toute particulière M. Jules « Obenreizer, Soho Square, Londres (côté Nord), amplement accré- « dité désormais comme notre agent et qui a eu l'honneur de faire « connaissance avec M. Vendale, en Suisse, son pays natal. »

Lui! — fit Vendale qui s'interrompit encore une fois. — Monsieur Obenreizer?... Eh! oui vraiment!... Où donc avais-je la tête? Je me souviens à présent.

Il poursuivit : —

« Alors que M. Obenreizer voyageait avec sa nièce... »

Avec sa...? — dit Vendale. — La nièce d'Obenreizer! En effet, je les ai rencontrés lors de mon dernier voyage en Suisse, et j'ai voyagé quelque temps avec eux, puis je les ai quittés. Je les ai retrouvés encore deux ans après, à mon second voyage, je ne les ai jamais revus depuis. La nièce d'Obenreizer! Eh! oui, c'est possible après tout. Continuons : —

« M. Obenreizer possède toute notre confiance, et nous ne doutons pas un instant de l'estime que vous accorderez à son mérite. »

Et cela est dûment signé pour la maison: Defresnier et Cie. Bien... bien... je me charge de voir sous peu Monsieur Obenreizer et de savoir ce qu'il est. Eh bien! Wilding, voici qui écarte toute conjecture au sujet de ce timbre de Suisse. Maintenant, dites-moi de quel ennui je peux vous délivrer. Je le ferai sur mon âme.

Le cœur du bon, de l'honnête Wilding déborda de reconnaissance quand il vit qu'on voulait bien s'employer pour le servir. Il serra de nouveau la main de son associé et commença son récit par cette déclaration solennelle et pathétique qu'il n'était qu'un imposteur.

Puis, il raconta tout à Vendale.

— C'est sans doute au sujet de tout ce que vous venez de m'apprendre qu'au moment où je suis entré vous envoyiez chercher Bintrey? — dit Vendale après un court instant de réflexion.

— Ce n'était pas pour autre chose.

— Il a de l'expérience, — fit Vendale, — et c'est un homme plein de ruse. Je serai bien aise de connaître son opinion avant de vous donner la mienne. Mais, vous le savez, mon cher Wilding, je n'aime pas à dissimuler ma pensée. Je vous dirai donc tout d'abord et très-simplement que je ne vois pas cette aventure du même œil que vous. Quant à être un imposteur, vous, mon cher Wilding, cela est tout bonnement absurde. Comment peut-on être coupable d'une faute commise sans le savoir, et qu'est-ce qu'un imposteur qui n'a point consenti à l'imposture? Et quant à ce qui regarde votre fortune...

— Ma fortune? — répéta Wilding.

— Vous la devez à cette personne généreuse qui a cru que vous étiez son fils et qui vous a forcé de croire qu'elle était votre mère, puisqu'elle s'est fait connaître à vous sous ce nom. Etes-vous sûr que le don de ses biens qu'elle vous a fait n'a pas pour cause le charme des rapports établis entre vous et qui ont fait la joie de ses derniers jours. Vous vous étiez, par degrés, attaché à elle, et certes, elle ne s'était pas moins fortement attachée à vous. C'est donc bien à vous, Walter, à vous, personnellement, qu'elle a conféré, en mourant, tous ces avantages que vous vous reprochez aujourd'hui sans raison d'avoir accepté.

— Point du tout, — s'écria Wilding. — Est-ce qu'elle ne me supposait point sur son cœur un droit naturel que je n'avais pas?

— Ceci, — répliqua Vendale, — j'en conviens. J'y suis bien forcé pour être sincère. Mais, pensez-vous que si, durant les derniers six mois, qui ont précédé sa mort, elle avait fait la découverte que vous venez de faire vous-même, l'impression de tant d'années heureuses passées auprès de vous, la tendresse qu'elle vous avait vouée, eussent été tout à coup effacées?

— Ah! — dit Wilding, — ce que je pense ne changera point la vérité des choses. Il n'en est pas moins vrai que je suis en possession d'un bien qui ne m'appartient pas.

— Peut-être est-*il* mort, *lui*... — dit Vendale.

— Mais peut-être aussi est-il vivant ? — s'écria Wilding. — Et s'il vit, ne l'ai-je pas innocemment, il est vrai, mais ne l'ai-je pas assez volé ? Ne lui ai-je pas ravi d'abord tout l'heureux temps dont j'ai joui à sa place ? Ne lui ai-je pas dérobé le bonheur exquis, ce ravissement céleste qui m'a rempli l'âme, quand cette chère femme m'a dit : « Je suis ta mère ? » Ne lui ai-je pas pris tous les soins qu'elle m'a prodigués ? Ne l'ai-je pas privé du doux plaisir de faire son devoir envers elle et de lui rendre son dévouement et sa tendresse ?... Ah ! sous quels cieux, George Vendale, sous quels cieux vit-il à présent, celui envers qui je suis si coupable ?... Que peut-il être devenu ?... Où est celui que j'ai volé ?...

— Qui le sait ? — murmura George.

— Qui me le dira ? Qui me donnera quelque moyen de diriger mes recherches ? Savez-vous bien que ces recherches je dois les commencer sans perdre un jour. Désormais je vivrai des intérêts de ma part... je devrais dire de *sa part*..... dans cette maison ; le capital, je le placerai pour lui. Il se peut, si je le retrouve, que je sois forcé de m'en remettre à sa générosité pour assurer mon avenir... mais je lui rendrai tout. Je ferai cela, je le ferai aussi vrai que je l'ai aimée, honorée, *elle*, de tout mon cœur, de toutes mes forces.

En même temps, il envoyait un baiser respectueux

au portrait suspendu au-dessus de sa cheminée; puis il cacha sa tête dans ses mains et se tut.

Vendale se leva, vint s'asseoir auprès de lui, et lui mettant affectueusement la main sur l'épaule, lui dit doucement : —

— Walter, je vous connaissais avant ce qui vous arrive, comme un parfait honnête homme, à la conscience pure et au cœur droit. C'est un grand bonheur et un grand profit pour moi de côtoyer de si près dans la vie un compagnon qui vous ressemble et j'en remercie Dieu. Souvenez-vous que je vous appartiens. Je suis votre main droite, et vous pouvez compter sur moi jusqu'à la mort. Ne me jugez pas mal si je vous confesse que le sentiment que tout ceci me fait éprouver est encore bien confus. Vous pouvez même ne le trouver ni délicat ni équitable. Mais je vous jure que je me sens bien plus ému pour cette pauvre femme trompée et surtout pour vous-même, à qui cette révélation inattendue vient arracher les joies du souvenir, que pour cet homme inconnu (si toutefois il est devenu un homme), privé, sans le savoir, des biens qu'il ignore... Toutefois vous avez bien fait d'envoyer quérir Monsieur Bintrey. Son opinion sera sans doute, en bien des points, semblable à la mienne. Walter, n'agissez pas avec trop de précipitation dans une affaire si sérieuse; gardons scrupuleusement ce secret entre nous L'ébruiter à la légère serait vous exposer à des réclamations frauduleuses. Oh! les faux témoignages et les manœuvres des intrigants ne nous manqueraient point. Cela dit, Wilding, j'ai encore à vous rappeler une chose : c'est que lorsque vous m'avez cédé une part dans vos affaires, c'était pour vous affranchir d'une trop lourde besogne que votre présent état de santé ne vous permettait plus de remplir. Cette part, je l'ai achetée pour travailler, même à votre place, Walter, et c'est ce que je ferai.

Là-dessus, George Vendale donna lentement l'accolade à son associé, descendit dans le bureau, et, presque aussitôt après, sortit pour se rendre au logis de Jules Obenreizer.

Comme il entrait dans Soho Square, se dirigeant vers le côté nord de la place, son teint bruni au soleil se colora tout à coup. Cette rougeur soudaine, Wilding, — s'il était né observateur ou s'il n'avait pas alors été si fortement occupé de ses propres chagrins, — Wilding aurait pu la remarquer sur le visage de son associé, un moment auparavant, tandis que celui-ci lisait à haute voix la lettre datée de Neufchâtel. Wilding aurait pu également observer que Vendale ne lisait pas avec la même netteté tous les passages de cette lettre.

Il y avait alors à Soho Square, le district le plus plat de Londres, une curieuse *colonie* de montagnards. Des horloges de Suisse, des boîtes à musique, des sculptures sur bois, des jouets de Suisse s'étalaient à la porte de magasins Suisses. On ne voyait aux alentours que des Suisses professeurs d'harmonie, de peinture, et de langues, des commissionnaires Suisses, des domestiques Suisses placés ou sans places, des blanchisseuses Suisses. Partout des Suisses considérés et des Suisses déconsidérés, d'honnêtes Suisses, de la canaille Suisse ; toute cette Suisse vivante était attirée là par la présence autour de Soho d'une foule de restaurants, de cafés et d'hôtels Suisses où l'on mangeait et buvait des boissons Suisses. Un temple Suisse s'élevait en ce lieu où l'on célébrait le Dimanche l'office Suisse, et des écoles où l'on envoyait dans la semaine des enfants de Suisses. L'élément Suisse débordait, envahissait tout; il n'était point jusqu'aux tavernes Anglaises qui n'affichassent à leurs portes des liqueurs Suisses. Et des querelles de Suisses qui valent bien les querelles d'Allemands, s'élevaient chaque soir à grand bruit dans ces cafés et ces restaurants Suisses.

Aussi, le nouvel associé de Wilding et Co., lorsqu'il eut tiré la sonnette, au coin d'une porte où l'on lisait cette inscription : —

M. Obenreizer.

et que cette porte se fut ouverte, se trouva soudain en pleine Helvétie. Un poêle de blanche faïence remplaçait la cheminée dans la pièce où il fut introduit, et le parquet était une mosaïque formée de bois grossiers de toutes les couleurs. La chambre était rustique, froide, et propre. Le petit carré de tapis placé devant le canapé, le dessus en velours de la cheminée avec son énorme pendule et ses vases qui contenaient de gros bouquets de fleurs artificielles contrastaient pourtant un peu avec le reste de l'ameublement. L'aspect général de la chambre était celui d'une laiterie transformée en un salon.

Vendale était là depuis un moment lorsqu'on le toucha au coude. Ce contact le fit tressaillir, il se retourna vivement, et il vit Obenreizer qui le salua en très-bon Anglais à peine estropié : —

— Comment vous portez-vous ? Que je suis content de vous voir !

— Je vous demande pardon, — dit Vendale, — je ne vous avais pas entendu.

— Pas d'excuses, — s'écria le Suisse. — Asseyez-vous, je vous en prie.

Il consentit enfin à lâcher les deux bras de son visiteur qu'il avait jusque-là retenu par les coudes. C'était sa coutume que d'embrasser ainsi les coudes des gens qu'il aimait, et il s'assit à son tour, en disant à Vendale : —

— Vous allez bien, j'en suis aise.

En même temps il lui reprit les coudes.

Étrange manie.

— Je ne sais, — dit Vendale, — si vous avez déjà entendu parler de moi par votre maison de Neufchâtel ?

— Oui, oui.

— En même temps que de Wilding ?

— Certainement.

— N'est-il pas singulier que je vienne aujourd'hui vous trouver dans Londres comme représentant de la maison Wilding et Co., et pour vous présenter mes respects ?

— Pourquoi serait-ce singulier ? — repartit Obenreizer. — Que vous disais-je toujours autrefois, quand nous étions dans les montagnes? Elles nous paraissaient immenses, mais le monde est petit, si petit qu'on ne peut jamais y vivre longtemps, éloignés les uns des autres. Il y a si peu de monde en ce monde qu'on s'y croise et s'y recroise sans cesse. Le monde est si petit que nous ne pouvons nous débarrasser de ceux qui nous gênent... Ce n'est pas qu'on puisse jamais désirer se débarrasser de vous.

— J'espère que non, Monsieur Obenreizer.

— Je vous en prie, dans votre pays, appelez-moi : *Mister*. Je ne me fais jamais nommer autrement par amour de l'Angleterre. Ah ! que ne suis-je Anglais ! Mais, je suis montagnard. Et vous? Bien que descendant d'une famille distinguée, vous avez consenti à vous mettre dans le commerce. Mais, pardon, est-ce que je m'exprime bien ? Les vins ! cher monsieur, les vins ! En Angleterre, est-ce un *commerce* ou une *profession?* Sûrement, ce n'est pas un art.

— Monsieur Obenreizer, — reprit Vendale embarrassé, — j'étais un jeune garçon bien neuf, à peine majeur, quand j'ai eu pour la première fois le plaisir de voyager avec vous, et avec mademoiselle votre nièce... qui se porte bien ?

— Très-bien !

— Nous courûmes ensemble quelques petits dangers dans les glaciers. Si, à cette époque, avec une vanité d'enfant, je vantai quelque peu ma famille, j'espère ne l'avoir fait qu'autant que cela était nécessaire pour me présenter à vous sous des couleurs plus avantageuses. C'était une petitesse et une chose de mauvais goût. Mais vous n'ignorez pas le proverbe Anglais : « Vivre et s'instruire. »

— Vous attachez bien de l'importance à tout cela, — dit le Suisse. — Que diable ! c'est une bonne famille que la vôtre !

Le rire de George Vendale trahit un peu de contrainte.

— J'étais très-attaché à mes parents. Cependant, quand nous avons voyagé ensemble, Monsieur Obenreizer, je commençais à jouir de ce que mon père et ma mère m'avaient laissé. J'en avais la tête un peu troublée, parce que j'étais jeune. J'espère donc avoir alors montré plus d'enfantillage et d'étourderie que d'orgueil.

— Rien que de la franchise, de la franchise de cœur et de langage, et point d'orgueil, — s'écria Obenreizer. — Vous employez de trop grands mots contre vous-même. D'ailleurs, c'est moi qui vous ai amené le premier à me parler de votre famille. Vous souvient-il de cette soirée et de cette promenade sur le lac où les pics neigeux venaient se réfléchir comme dans un miroir ? Partout des roches et des forêts de sapins qui me ramenaient à mon enfance, dont je vous fis un tableau rapide. Rappelez-vous que je vous peignis notre misérable *cahute*, près d'une cascade que ma mère montrait aux voyageurs ; l'étable où je dormais auprès de la vache ; mon frère idiot assis devant la porte et courant aux passants pour leur demander l'aumône ; ma sœur, toujours filant et balançant son énorme goître ; et moi-même, une pauvre petite créature affamée, battue du matin au soir. J'étais l'unique enfant du second mariage de mon père, si toutefois il y avait eu mariage. Après cela, quoi de plus naturel de votre part que de comparer vos souvenirs aux miens et de me dire : « Nous sommes du même âge, et en ce même temps où l'on vous battait, moi j'étais assis dans la voiture de mon père, sur les genoux de ma mère chérie, roulant à travers les opulentes rues de Londres, entouré de luxe et de tendresse. » Voilà quel fut le commencement de ma vie.

Obenreizer était un jeune homme aux cheveux noirs, au teint chaud, et dont la peau basanée n'avait jamais brillé d'aucune rougeur, même fugitive. Les émotions qui auraient empourpré la joue d'un autre homme n'amenaient à la sienne qu'un léger battement à peine visible, comme si la machine qui fait couler et monter le sang ne mettait en mouvement dans les veines de ce jeune homme qu'un flot à demi-desséché. Obenreizer était fortement construit, bien proportionné, avec de beaux traits. Il eût certainement suffi d'en changer presque imperceptiblement la disposition pour les amener à une harmonie qui leur manquait; mais il aurait été aussi bien difficile de déterminer au juste quel changement il eût fallu faire. Tout d'abord on aurait souhaité à Obenreizer des lèvres moins épaisses, un cou moins massif. Mais ces lèvres et ce cou passaient encore. Ce qu'il y avait de moins agréable dans son visage, c'étaient ses yeux, toujours couverts d'un nuage indéfinissable évidemment étendu là, par un effort de sa volonté. Son regard demeurait ainsi impénétrable à tout le monde et ce brouillard éternel lui donnait un air fatigant d'attention qui ne s'adressait pas seulement à la personne qu'il écoutait parler, mais au monde entier, à lui-même, à ses propres pensées, celles du moment et celles qui allaient naître. C'était comme une sorte de vigilance inquiète, soupçonneuse, qu'il exerçait en lui, autour de lui, et qui ne se lassait jamais.

A ce moment de la conversation, Obenreizer tira son voile sur ses yeux.

— Le but de ma visite actuelle, — dit Vendale, — il est vraiment superflu de vous le dire, c'est de vous assurer de la bonne amitié de Wilding et Co., et de la solidité de votre crédit sur nous, ainsi que de notre désir de pouvoir vous être utiles. Nous espérons, avant peu, vous offrir une cordiale hospitalité. Pour le moment les choses ne sont pas tout à fait en ordre chez nous. Wilding s'occupe à réorganiser la partie domestique de notre maison; il est, d'ailleurs, empêché par quelques affaires personnelles. Je ne crois pas que vous connaissiez Wilding.

— Je ne le connais pas.

— Il faudra donc faire connaissance. Wilding en sera charmé. Je ne crois pas que vous soyez établi à Londres depuis bien longtemps, Monsieur Obenreizer?

— C'est tout récemment que j'ai installé cette agence.

— Mademoiselle votre nièce n'est-elle... n'est-elle pas mariée?

— Elle n'est pas mariée.

George Vendale jeta un regard autour de lui comme

pour y découvrir quelque trace de la présence de la jeune fille.

— Est-ce qu'elle vous a accompagné à Londres? demanda-t-il.

— Elle est à Londres.

— Quand et où pourrai-je avoir l'honneur de me rappeler à son souvenir?

Obenreizer chassa son nuage et prit de nouveau son visiteur par les coudes.

— Montons! — lui dit-il.

Un peu effarouché par la soudaineté d'une entrevue qu'il avait fortement souhaitée de toute son âme, George Vendale suivit Obenreizer dans l'escalier.

Dans une pièce de l'étage supérieur, une jeune fille était assise auprès de l'une des trois fenêtres; il y avait aussi une autre dame plus âgée, le visage tourné vers le poêle, bien qu'il ne fût pas allumé, car c'était la belle saison. La respectable matrone nettoyait des gants. La jeune fille brodait. Elle avait un luxe inouï de superbes cheveux blonds, gracieusement nattés, le front blanc et rond comme les Suissesses. Son visage était aussi bien plus rond qu'un visage Anglais ordinaire. Sa peau était d'une étonnante pureté et l'éclat de ses beaux yeux bleus rappelait le ciel éblouissant des pays de montagnes. Bien qu'elle fût vêtue à la mode Anglaise, elle portait encore un certain corsage, des bas à coins rouges, et des souliers à boucles d'argent qui venaient de Suisse en droiture. Quant à la vieille dame, les pieds écartés, appuyés sur la tringle du poêle, elle nettoyait, frottait ses gants avec une ardeur extraordinaire, et certainement elle n'avait rien, absolument rien de Britannique. C'était bien la Suisse elle-même, la Suisse vivante, la vieille Suisse : son dos avait la forme et la largeur d'un gros coussin, ses respectables jambes étaient deux montagnes. Elle portait au cou et sur la poitrine un fichu de velours vert qui retenait tant bien que mal les richesses de son embonpoint, de grands pendants d'oreilles en cuivre doré, et sur la tête un voile, en gaze noire, étendu sur un treillis de fer.

— Mademoiselle Marguerite, — dit Obenreizer à sa nièce, — vous rappelez-vous ce gentleman ?

— Je crois, — dit-elle en se levant un peu confuse, — je crois que c'est Monsieur Vendale?

— Je crois, en effet, que c'est lui, — fit Obenreizer d'une voix dure. — Permettez-moi, Monsieur Vendale, de vous présenter à Madame Dor.

La vieille dame, qui avait passé un de ses gants dans sa main gauche, se leva, regarda par-dessus ses larges épaules, se laissa retomber sur sa chaise, et se remit à frotter.

— Madame Dor, — dit Obenreizer en souriant, — est assez bonne pour veiller ici aux déchirures et aux taches. Madame Dor vient en aide à mon désordre et à ma négligence, c'est elle qui me tient propre et paré.

Au même instant, Madame Dor, ayant levé les yeux, aperçut une tache sur Obenreizer et se mit à le frotter violemment. George Vendale prit place auprès du métier à broder de Mademoiselle Marguerite; il jeta un regard furtif sur la croix d'or qui plongeait dans le corsage de la jeune fille. Il rendait mentalement à Marguerite l'hommage du pèlerin, lorsqu'après un long voyage, il arrive enfin devant le saint et devant l'autel.

Obenreizer s'assit à son tour au milieu de la chambre, les pouces dans les poches de son gilet; il devenait nuageux, Obenreizer.

— Savez-vous, mademoiselle, ce que votre oncle me disait à l'instant? — commença Vendale : — Que le monde est si petit, si petit, que les anciennes connaissances s'y retrouvent toujours et qu'on ne peut s'éviter. Pour moi, le monde me semblait trop vaste depuis que je vous avais vue pour la dernière fois.

— Avez-vous beaucoup voyagé depuis quelque temps? — lui demanda Marguerite. — Êtes-vous allé bien loin?

— Pas très-loin. Je n'ai fait qu'aller chaque année en Suisse... J'ai souhaité bien des fois que ce tout petit monde fût encore plus petit, afin de pouvoir rencontrer plus tôt d'anciens compagnons...

La jolie Marguerite rougit et lança un coup d'œil du côté de Madame Dor.

— Mais vous nous avez retrouvés à la fin, Monsieur Vendale, — murmura-t-elle. — Est-ce pour nous quitter de nouveau?

— Je ne le crois pas. La coïncidence étrange qui m'a permis de vous revoir m'encourage à espérer qu'il n'en sera rien.

— Quelle est cette coïncidence?

Cette simple phrase, dite avec l'accent du pays et certain ton ému et curieux, parut bien séduisante à George Vendale. Mais, au même instant, il surprit un nouveau regard furtif de Marguerite à l'adresse de

Madame Dor. Ce regard, bien que rapide comme l'éclair, l'inquiéta, et il se mit à observer la vieille dame.

— Le hasard a voulu, — dit-il, que je devinsse l'associé d'une maison de commerce de Londres, à laquelle Monsieur Obenreizer a été recommandé aujourd'hui même par une maison de commerce Suisse, où nous avons des intérêts communs. Ne vous en a-t-il rien dit?

— Ma foi non! — s'écria Obenzeirer, rentrant dans la conversation et cette fois sans son nuage. — Je m'en serais bien gardé. Le monde est si petit, si monotone, qu'il vaut toujours mieux laisser aux gens le plaisir bien rare d'une surprise. C'est une agréable chose qu'une surprise sur notre petit bonhomme de chemin. Tout cela est arrivé comme vous le dit Monsieur Vendale, Mademoiselle Marguerite. Monsieur Vendale, qui est d'une famille si distinguée et d'une si fière origine, n'a point dédaigné le commerce. Vraiment, il fait du commerce, tout comme nous autres, pauvres paysans, sortis des bas-fonds de la pauvreté. Après tout, c'est flatteur pour le commerce, — reprit Obenreizer avec chaleur, — les hommes comme Monsieur Vendale ne peuvent que l'ennoblir. Ce qui fait le malheur du commerce et sa vulgarité, c'est que les gens de rien... nous autres par exemple, pauvres paysans... nous puissions nous y adonner et par lui arriver à tout. Voyez-vous, mon cher Vendale, le père de Mademoiselle Marguerite, l'aîné de mes frères du premier lit, qui aurait plus du double de mon âge s'il vivait, partit de nos montagnes, en haillons, sans souliers, et il se trouva d'abord bien heureux d'être nourri avec les chiens et avec les mules dans une auberge de la vallée. Il y fut garçon d'écurie, garçon de salle, cuisinier. Il me prit alors et me mit en apprentissage chez un fameux horloger, son voisin. Sa femme mourut en mettant Mademoiselle Marguerite au monde. Il ne vécut pas longtemps lui-même. Marguerite n'était plus une enfant et n'était pas encore une demoiselle. Je reçus ses dernières volontés et sa recommandation au sujet de sa fille : « Tout pour Marguerite, » me dit-il, « et tant par an pour vous. Vous êtes jeune, je vous fais pourtant son tuteur ; ne vous enorgueillissez jamais de son bien et du vôtre, si vous en amassez. Vous savez d'où nous venons tous les deux ; nous avons été l'un et l'autre des paysans obscurs et misérables et vous vous en souviendrez. » Si je m'en souviens !... Tous deux paysans, et il en est ainsi de tous mes compatriotes qui font aujourd'hui le commerce dans Soho Square. Paysans !... tous paysans !...

Il éclata de rire, tout en étreignant les coudes de Vendale.

— Voyez ! — s'écria-t-il, — voyez quel avantage et quelle gloire pour le commerce d'être rehaussé par des gentlemen tels que vous !

— Je n'en juge pas ainsi, — fit Marguerite en rougissant et fuyant le regard de Vendale avec une expression craintive, — je pense que le commerce n'est point du tout déshonoré par des gens d'obscure origine comme nous...

— Fi ! fi ! Mademoiselle Marguerite, — dit Obenreizer, — c'est dans l'aristocratique Angleterre que vous tenez un pareil langage !

— Je n'en ai pas honte, — reprit-elle, un peu plus calme et tout en retournant son métier, — je ne suis pas Anglaise, moi. Je me fais gloire d'être Suissesse et fille d'un montagnard. Et certes je le dis bien haut : mon père était paysan.

Il y avait dans ces dernières paroles une résolution si visible d'en finir avec ce sujet ridicule que Vendale n'eut point le courage de se défendre plus longtemps contre les sarcasmes voilés d'Obenreizer.

— Je partage votre opinion, mademoiselle, — s'écria-t-il, — et je l'ai déjà dit à Monsieur Obenreizer, tout à l'heure, il pourra vous en rendre témoignage.

Ce que ce dernier se garda bien de faire. Il se tut.

Vendale n'avait point cessé d'observer Madame Dor. Une chose le frappa dans l'aspect du large dos de la bonne dame, et il remarqua une pantomime des plus expressives dans sa façon de nettoyer les gants. Tandis qu'il causait avec Marguerite, Madame Dor était demeurée tranquille; mais dès qu'Obenreizer eut commencé son long discours sur les paysans, elle se mit à se frotter les mains avec une sorte de délire; on eût dit qu'elle applaudissait l'orateur. Le gant qu'elle tenait s'élevait en l'air, ce gant tournoyait si bien, qu'une fois ou deux, Vendale en vint à penser qu'il pouvait bien y avoir une communication télégraphique dans ce jeu extraordinaire : d'autant que, tout en paraissant ne faire aucune attention à la vieille suivante, Obenreizer ne lui tournait jamais le dos.

La façon dont Marguerite avait écarté le déplaisant sujet qu'on avait ramené deux fois devant elle, parut également à Vendale une chose bien propre à le faire réfléchir. Le ton de la jeune fille, parlant à son tuteur, trahissait une sourde indignation contre celui-ci, et comme un mouvement violent de l'âme, que la crainte pourtant comprimait encore. Jamais Obenreizer ne s'approchait de sa pupille; jamais il ne lui adressait la parole sans faire précéder ce qu'il allait dire d'un « mademoiselle » très-cérémonieux, et ce mot pourtant ne sortait jamais de ses lèvres qu'avec un accent d'ironie. L'idée vint à George Vendale que cet homme était un moqueur subtil, et cette nouvelle manière d'envisager Obenreizer lui expliqua tout d'un coup ce qu'il avait toujours trouvé d'indéfinissable en ce singulier personnage.

Quelque chose aussi lui disait que Marguerite était en quelque sorte prisonnière dans ce logis. Sa volonté, du moins, n'était pas libre, et bien qu'elle résistât à ses deux geôliers par la seule énergie de son caractère, certes elle n'était pas toujours la plus forte.

Cette croyance que la jeune fille était persécutée, captive jusqu'à un certain point peut-être, n'était pas faite pour diminuer dans le cœur de Vendale le charme qui l'attirait vers elle. Vraiment il l'aimait, il était éperdument amoureux de la jeune et jolie Suissesse et tout à fait déterminé à saisir l'occasion qui enfin se présenterait à lui.

Pour le moment, il se borna à dépeindre en quelques mots le plaisir que Wilding et Co. auraient avant peu à prier Mademoiselle Obenreizer d'honorer leur maison de sa présence. C'était, disait-il, une vieille maison très-curieuse, bien qu'un peu dépourvue comme toute maison de célibataire. Du reste, il ne prolongea pas sa visite.

Mais, en redescendant au rez-de-chaussée, reconduit par son hôte, il trouva dans le vestibule plusieurs hommes de mauvaise mine et mal accoutrés, vêtus d'ailleurs du costume Suisse qu'Obenreizer repoussa sans façon devant lui, tout en leur adressant quelques mots dans le patois du pays.

— Des compatriotes, — dit-il, — de pauvres compatriotes, reconnaissants et attachés comme des chiens pour un peu de bien que je leur fais. Adieu, Monsieur Vendale, j'espère que nous nous verrons souvent. Très-enchanté...

Ce qui fut suivi de deux légères pressions aux coudes de Vendale, et celui-ci se trouva dans la rue.

Tandis qu'il se dirigeait vers le Carrefour des Ecloppés, Marguerite, assise devant son métier, flottait devant lui dans l'air; il revoyait également le large dos de Madame Dor et son télégraphe. Lorsqu'il arriva, Wilding était enfermé avec Bintrey. Les portes des caves se trouvaient ouvertes. Vendale alluma une chandelle, descendit, et se mit à flâner à travers les caveaux. La gracieuse image de Marguerite marchait toujours devant lui, mais cette fois le dos de Madame Dor ne le poursuivait plus.

Ces voûtes étaient très-spacieuses et très-anciennes et il y avait là une crypte fort curieuse. C'était, suivant les uns le vieux réfectoire d'un monastère, suivant les autres une chapelle. Quelques antiquaires enthousiastes voulaient même y voir le reste d'un temple Païen. Mais après tout qu'importait? Que chacun donne l'origine qu'il lui plaira à ce vieux pilastre en poussière et à cette arcade en ruine, ce sont toujours des débris du temps qui les ronge également et à sa guise.

L'air épais, l'odeur de terre et de muraille moisie, les pas roulant comme le tonnerre dans les rues qui s'étendaient au-dessus de sa tête, tout cela cadrait assez bien avec les impressions de Vendale qui, décidément, ne pouvait songer qu'à Marguerite, assise là-bas, dans la maison de Soho Square et résistant à ses deux geôliers. Il marcha donc à travers les caves jusqu'au tournant d'un passage voûté. Là, il aperçut une lumière semblable à celle qu'il portait à la main.

— Est-ce vous qui êtes là, Joey? — demanda-t-il.

— Ne devrais-je pas plutôt dire : Est-ce vous, Monsieur George? C'est mon affaire à moi d'être ici; ce n'est pas la vôtre.

— Allons! ne grondez pas, Joey.

— Je ne gronde pas, — fit le garçon de cave, — si quelque chose gronde en moi, c'est le vin que j'ai respiré et pris par les pores, mais ce n'est pas moi. Oh! si vous restiez dans les caves assez longtemps pour que les vapeurs vous étourdissent, vous m'en diriez des nouvelles... Mais quoi! vous voilà donc entré régulièrement dans nos affaires, Monsieur George?

— Régulièrement, j'espère que vous n'y trouvez rien à redire?

— Dieu m'en préserve! Mais le vin que je prends par les pores et qui est grognon me dit que vous êtes trop jeunes. Vous êtes trop jeunes tous les deux.

— C'est un malheur que nous trouverons bien le moyen de réparer quelque jour, Joey.

— Sans doute, Monsieur George, mais moi qui trouve le moyen de vieillir chaque année, je ne vous verrai point devenir sages.

Et Joey se sentit si content de ce qu'il venait de dire qu'il se mit à rire aux éclats.

— Ce qui est beaucoup moins gai, — reprit-il, — c'est que Monsieur Wilding, depuis qu'il dirige la maison, en a changé la chance. Remarquez bien ce que je vous dis. La chance est changée. Il s'en apercevra. Ce n'est pas pour rien que j'ai passé ici dessous toute ma vie. Les remarques que je fais ne me trompent jamais. Je sais quand il doit pleuvoir ou quand le temps veut se maintenir au beau, quand le vent va souffler, quand le ciel et la rivière redeviendront calmes. Et je sais aussi bien quand la chance est près de changer.

— Est ce que la végétation qui croît sur ces murs est pour quelque chose dans vos observations? — demanda Vendale, en tournant sa lumière vers de sombres amas d'énormes fongus, appendus aux voûtes, et d'un effet désagréable et repoussant.

— Oui, Monsieur George, — répliqua Joey Laddle, reculant de quelques pas. — Mais si vous voulez suivre mon conseil, ne touchez pas à ces vilains champignons.

Vendale avait pris une longue latte des mains de

Joey, et s'amusait à remuer doucement les végétaux étranges.

— En vérité, — dit-il, — ne pas y toucher ! Et pourquoi ?

— Pourquoi ?.... Parce qu'ils naissent des vapeurs du vin, et qu'ils peuvent vous faire comprendre ce qui entre dans le corps d'un malheureux garçon de cave qui vit ici depuis trente ans ; parce que vous feriez tomber sur vous de sales insectes, qui se meuvent dans ces gros pâtés de moisissure, — répliqua Joey Laddle, qui se tenait toujours à l'écart, — mais il y a encore une autre raison, Monsieur George : il y en a une autre !...

— Laquelle ?

— A votre place, Monsieur George, je ne jouerais pas avec cette latte. Et la raison, je vous la dirai si vous voulez sortir d'ici. Regardez la couleur de ces champignons, Monsieur George.

— Eh bien ?

— Allons ! Monsieur George, sortons d'ici.

Il s'éloigna avec sa chandelle. Vendale le suivit tenant la sienne

— Mais achevez donc, Joey, — dit-il. — La couleur de ces champignons ?

— C'est celle du sang, Monsieur George.

— En vérité, oui... Après ?...

— Eh bien ! Monsieur George, on dit...

— Qui... on ?

— Comment saurais-je qui ? — répliqua le vieux garçon de cave exaspéré par la nature déraisonnable de cette question. — Qui ?... On... on...Cela en dit bien assez. C'est tout le monde. Comment saurais-je qui est cet : On, si vous, vous ne le savez pas?

— C'est juste, Joey.

— On dit que l'homme qui, par hasard, est frappé à la poitrine dans les caves d'un de ces champignons qui tombent, est sûr de mourir assassiné.

Vendale s'arrêta en riant, il regarda Joey et leva les épaules, mais le garçon de cave tenait ses yeux obstinément fixés sur sa chandelle. Tout à coup Joey se sentit frappé violemment.

— Qu'est-ce? — cria-t-il.

C'était la main de son compagnon. Vendale venait de recevoir un énorme amas de ces moisissures sanglantes en pleine poitrine, et instinctivement l'avait rejeté sur Joey. Cette masse humide venait de s'abattre sur le sol et y faisait couler une longue mare rouge.

Les deux hommes se regardèrent, pendant un moment, avec une muette épouvante. Mais ils arrivaient au pied de l'escalier des caves, et la lumière du jour leur apparut.

Vendale leva encore une fois les épaules.

— Au diable vos idées superstitieuses, Joey! — dit-il.

Et il monta gaiement les degrés.

SORTIE DE WILDING.

Le lendemain, d'assez grand matin, Wilding sortit seul, après avoir laissé pour son commis un billet ainsi conçu : —

« Si M. Vendale me demandait ou si M. Bintrey venait me » rendre visite, dites que je suis allé à l'Hospice des Enfants » Trouvés. »

Ni les exhortations de Vendale, ni les conseils de Bintrey n'avaient pu changer les sentiments et la détermination de Wilding. Retrouver celui dont il avait usurpé le bien et la place était à présent l'unique intérêt de sa vie. La première chose à faire pour cela n'était-elle point de se rendre à l'Hospice ? C'est là qu'il pouvait rencontrer la lumière, ou puiser du moins quelques renseignements.

L'aspect de cet édifice, qui naguère lui était agréable, avait changé pour lui comme le portrait placé dans son appartement et qui, jadis, lui avait été si cher. Le lien qui le rattachait autrefois à ces lieux qui avaient abrité sa misérable enfance et où le bonheur était venu le surprendre un jour, ce lien désormais était rompu. Son cœur se souleva au milieu d'un flot d'amertume, lorsque, à la porte du parloir, il exposa la nature de la démarche qu'il venait faire. Il attendit avec une grande anxiété le Trésorier qu'on était allé quérir et qu'on ne trouvait point. Enfin ce gentleman arriva. Wilding fit un terrible effort pour retrouver un peu de calme et parla.

Le Trésorier l'écoutait avec une grande attention. Mais son visage ne promettait rien de plus qu'un peu de complaisance et beaucoup de politesse.

— Nous sommes forcés d'être très-circonspects, — répondit-il à Wilding, — et nous n'avons point l'habitude de répondre aux questions du genre de celles que vous me faites, quand elles nous sont adressées par des étrangers.

— Ne me considérez point comme un étranger, — répondit simplement Wilding, — j'ai fait partie de vos élèves ; je suis un enfant trouvé.

Le Trésorier répondit avec une grande courtoisie que cette circonstance lui paraissait tout à fait particulière et qu'il aurait mauvaise grâce à rien refuser à un ancien pensionnaire de la maison. Toutefois il pressa Wilding de lui faire connaître les motifs qui le poussaient à tenter les recherches dont il parlait. Wilding lui raconta son histoire. Après quoi le Trésorier se leva, et le conduisant dans la salle où les registres de l'Institution étaient exposés : —

— Nos livres sont à votre disposition, — lui dit il, — mais je crains bien qu'ils ne puissent vous offrir que de faibles renseignements après tant d'années.

Ces livres, Wilding les consulta avec une impatience fiévreuse ; il y trouva ce qui suit : —

« 3 *Mars* 1836. — *Adopté et retiré de l'Hospice, un en-*
» *fant mâle, du nom de Walter Wilding. — Nom et si-*
» *tuation de l'adoptant; Madame Miller, demeurant Lime*

» *Tree Lodge, Groombridge Wells. — Répondants : Le Ré-*
» *vérend John Harker, Groombridge Wells ; MM. Giles*
» *Jérémie et Giles, banquiers, Lombard Street.* »

— Est-ce là tout ? — s'écria Wilding. — Monsieur le Trésorier, n'avez-vous pas eu d'autres communications ultérieures avec Madame Miller ?

— Aucune; s'il y avait eu quelque autre chose, nous en trouverions ici la mention.

— Puis-je prendre copie de cette inscription ?

— Sans doute ; mais vous êtes bien agité, je prendrai cette copie moi-même.

— Ma seule chance est de m'informer de la résidence actuelle de Madame Miller et de visiter les répondants.

— C'est votre seule chance, — répondit le Trésorier, — j'aurais souhaité de pouvoir vous être plus utile.

Wilding se mit en chasse. La première étape à faire était la maison des banquiers de Lombard Street. Il s'y rendit.

Deux des associés de la maison étaient inaccessibles en ce moment. Le troisième se récria, opposa mille difficultés à la demande que lui adressait le jeune négociant, et permit enfin qu'on visitât le registre marqué à l'initiale M.

Le compte de Madame Miller fut retrouvé. Mais deux lignes d'une encre effacée avaient été tracées en travers du livre pour biffer la page, et au bas il y avait cette note :

« *Compte clos le* 30 *Septembre* 1837. »

C'est ainsi que Wilding vit son premier espoir s'évanouir. Il comprenait mieux que personne les difficultés de la tâche qu'il s'était imposée.

— Point d'issue !... point d'issue !... — se disait-il.

Il écrivit à son associé pour le prévenir que son absence pouvait se prolonger de quelques heures, se rendit au chemin de fer, et prit place dans le train pour la résidence de Madame Miller à Groombridge Wells.

Des enfants et des mères voyageaient avec lui ! Des enfants et des mères se rencontrèrent sur son passage quand il fut débarqué et qu'il alla de maison en maison, de boutique en boutique, demander son chemin. Passant sous un gai soleil, ces mères lui apparaissaient heureuses et fières, ces enfants plus heureux encore; partout il trouvait de quoi le faire cruellement ressouvenir de ce monde souriant d'illusions, jadis si cruellement éveillé dans son cœur; tout lui rappelait la mémoire de celle qui n'était plus, de celle qui s'était évanouie, le laissant lui, morose et sombre comme un miroir d'où la lumière s'est éclipsée. Il questionna, s'informa de tous côtés. Nul ne savoit où était Lime Tree Lodge. A bout de ressources, il entra dans les bureaux d'une agence de locations.

— Savez-vous où est Lime Tree Lodge ?

L'agent lui montra du doigt de l'autre côté de la rue une maison d'apparence lugubre, percée d'un nombre inusité de fenêtres, qui semblait avoir été jadis une fabrique, et qui était maintenant un hôtel.

— Voilà où se trouvait Lime Tree Lodge, monsieur, — lui dit cet homme, — il y a dix ans.

Second espoir évanoui. Là encore pas d'issue !... pas d'issue !...

Une dernière chance lui restait ; c'était de trouver le répondant clérical M. Harker. Il entra dans la boutique d'un libraire et demanda si on pouvait le renseigner sur la demeure actuelle du Révérend. Le libraire fit un geste de surprise, fronça les sourcils, et demeura muet. Cependant il prit sur son comptoir un précieux petit volume, habillé d'une reliure grise et sombre, le tendit au visiteur, ouvert à la première page, et Wilding y lut :

LE MARTYRE

DU

RÉVÉREND JOHN HARKER

dans la Nouvelle-Zelande,

Raconté par un ancien membre de sa Congrégation.

— Je vous demande pardon, — fit Wilding.

Le libraire répondit seulement par un signe de tête à ses excuses. Wilding sortit.

Troisième et dernier espoir détruit. Pas d'issue !... pas d'issue !...

En vérité, il n'y avait plus rien à faire que de s'en retourner à Londres. Il reprit le train. De temps en temps, durant le trajet, il contemplait cette note inutile qui avait été le guide de son voyage, la copie extraite du Registre des Enfants Trouvés. Il fit un geste comme pour jeter au vent ce papier menteur, mais la réflexion l'en empêcha.

— Qui sait, — pensa-t-il, — cette note peut encore servir, je ne m'en séparerai point tant que je vivrai, et mes exécuteurs testamentaires la trouveront cachetée sous le même pli que mon testament.

Son testament !... Et pourquoi ne le ferait-il point? Cette idée s'empara de lui avec force. Ce testament nécessaire, il résolut de le rédiger sans perdre de temps. Et il continua son voyage songeant à toutes ses démarches perdues, et murmurant :

— Plus d'espoir possible !... Pas d'issue !... pas d'issue !...

Ces derniers mots étaient de la façon de Bintrey. Dans sa première conférence avec Wilding, l'homme d'affaires s'était écrié au bout d'un moment : « Pas d'issue ! » Et cent fois, durant l'entretien, secouant la tête et frappant du pied, ce sagace personnage, jugeant la situation sans remède, s'était pris à répéter : « Pas d'issue !... pas d'issue !... »

— Ma conviction, — ajoutait-il, — c'est qu'il n'y a rien à espérer après tant d'années ; et mon avis, c'est que vous demeuriez tranquille possesseur des biens qu'on vous a légués.

Wilding avait fait apporter de nouveau le vieux

Porto de quarante-cinq ans, et Bintrey ne se faisait point faute de le trouver excellent comme à l'ordinaire. Plus le rusé compagnon voyait se dessiner nettement, à travers la liqueur dorée, le chemin qu'il fallait suivre, plus il persistait à déclarer énergiquement qu'il n'y avait rien à faire, et, tout en remplissant et vidant son verre, il répétait : —

— Pas d'issue !... pas d'issue !...

Et maintenant, qui pouvait nier que le projet de Wilding de faire son testament au plus vite, ne provînt encore de l'excessive délicatesse de sa conscience (bien qu'au fond du cœur, il éprouvât aussi quelque soulagement involontaire dans la perspective de léguer son embarras à autrui, car telle était son intention). Il poursuivit donc ce nouveau projet avec une ardeur extraordinaire et ne perdit point de temps pour faire prier George Vendale et Bintrey de se rendre au Carrefour des Écloppés, où il allait les attendre.

Lorsqu'ils furent tous trois réunis, les portes bien closes, Bintrey prit la parole, et s'adressant à Vendale : —

— Tout d'abord, — dit-il d'un ton solennel, — avant que notre ami (et mon client) nous confie ses volontés à venir, je désire préciser clairement ce qui est mon avis, ce qui est aussi le vôtre, Monsieur Vendale, si j'ai bien compris les paroles que vous m'avez dites, et ce qui serait d'ailleurs, l'avis de tout homme sensé. J'ai conseillé à mon client de garder le plus profond secret sur cette affaire. J'ai causé deux fois avec Madame Goldstraw, une fois en présence de Monsieur Wilding, l'autre fois en son absence. Si l'on peut se fier à quelqu'un (ce qui doit toujours être l'objet d'un grand SI), je crois que c'est à cette dame. J'ai représenté à mon client que nous devons nous garder de donner l'éveil à des réclamations aventureuses, et que, si nous ne nous taisons point, nous allons mettre le diable sur pied, sous la forme de tous les escrocs du royaume. Maintenant, Monsieur Vendale, écoutez-moi. Notre ami (et mon client) n'entend pas se dépouiller du bien dont il se regarde comme le dépositaire ; il veut, au contraire, le faire fructifier au profit de celui qu'il en considère comme le maître légitime. Moi, je ne peux adopter la même façon de considérer cet homme-là, qui n'est peut-être qu'une ombre, et, si jamais, après des années de recherche même, nous mettions la main sur lui, j'en serais bien étonné ; mais n'importe. Monsieur Wilding et moi, nous sommes pourtant d'accord sur ce point, qu'il ne faut pas exposer ce bien à des risques inutiles. J'ai donc accédé au désir de Monsieur Wilding en une chose. De temps en temps, nous ferons paraître dans les journaux une annonce prudemment rédigée, invitant toute personne qui pourrait donner des renseignements sur cet enfant adopté et pris aux Enfants Trouvés, à se présenter à mon bureau. J'ai promis à Monsieur Wilding que cette annonce serait régulièrement publiée. Après cela, mon client m'ayant averti que je vous trouverais ici à cette heure, j'y suis venu. Remarquez bien que ce n'est plus pour donner mon avis, mais pour prendre les ordres de Monsieur Wilding. Je suis tout à fait disposé à respecter et à seconder ses désirs. Je vous prierai seulement d'observer que ceci n'implique point du tout mon assentiment aux mesures que j'ai consenti à prendre. Je m'y prête, je ne les approuve peut-être point, et, dans tous les cas, je n'entends pas que l'on puisse confondre ma complaisance avec mon opinion professionnelle.

En parlant ainsi, Bintrey s'adressait autant à Wilding qu'à Vendale. Certes il croyait devoir beaucoup de déférence à son client et il lui en accordait un peu. Cependant Wilding, par-dessus tout, l'amusait. Bintrey ne pouvait croire à une conduite si extravagante, à un désintéressement si singulier ; le don-quichottisme du jeune négociant lui semblait une chose réjouissante autant que rare, aussi ne pouvait-il s'empêcher de le regarder de temps en temps avec des yeux qui clignotaient et avec une curiosité très-vive mêlée quelquefois d'une forte envie de sourire.

— Tout ce que vous venez de dire est fort clair! — soupira Wilding. — Plût à Dieu que mes idées fussent aussi limpides que les vôtres, Monsieur Bintrey.

— Remettez-le, remettez-le... si vous sentez que vos étourdissements vont revenir! — s'écria Bintrey épouvanté. — Remettez-le, remettez-le...

— Remettez quoi? — fit Vendale.

— L'entretien! je veux parler de cet entretien... Si vos bourdonnements, Monsieur Wilding...

— Non, non, n'ayez pas peur, — répliqua le jeune négociant.

— Je vous en prie, ne vous excitez pas! — continua Bintrey...

— Je suis parfaitement calme, — reprit Wilding, —

et je vais vous en donner la preuve. George Vendale, et vous, Monsieur Bintrey, hésiteriez-vous ou bien trouveriez-vous quelque inconvénient à devenir les exécuteurs de mes dernières volontés ?

— Aucun inconvénient, — répondit George Vendale.

— Aucun! — répéta Bintrey, avec un peu moins d'empressement.

— Je vous remercie tous les deux. Mes instructions seront simples, et mon testament très-bref. Peut-être aurez-vous la complaisance de rédiger cela tout de suite, Monsieur Bintrey. Je laisse ma fortune réalisée, et mon bien personnel, sans exception ni réserve, à vous, mes deux dépositaires et exécuteurs testamentaires, à la charge, par vous, de restituer le tout au véritable Walter Wilding, si vous pouvez le découvrir et établir son identité dans les deux ans qui suivront ma mort. Au cas où vous ne le retrouveriez point avant ce délai expiré, vous remettriez le dépôt à titre de legs et de don à l'Hospice des Enfants Trouvés... Eh bien?

— Ce sont là toutes vos instructions ? — demanda Bintrey, après un assez long silence durant lequel aucun de ces trois hommes n'avait osé regarder les autres.

— Toutes.

— Et votre détermination est bien prise?

— Irrévocablement prise.

— Il ne me reste donc plus qu'à rédiger ce testament suivant la forme, — reprit l'homme d'affaires, en levant les épaules, — mais est-il nécessaire de se presser? Il n'y a pas urgence, que diable! Vous n'avez pas envie de mourir?

— Monsieur Bintrey, — dit Wilding, — ce n'est ni vous ni moi qui connaissons le moment où je dois mourir et je serais aise d'avoir soulagé mon esprit de ce pénible sujet.

— Comme il vous plaira, — dit Bintrey, — je redeviens homme de loi. Si un rendez-vous, dans une semaine, à pareil jour, peut convenir à Monsieur Vendale, je l'inscrirai sur mon carnet.

Le rendez-vous fut pris et l'on n'y manqua point. Le testament, signé selon les formes, cacheté, déposé, attesté par les témoins, resta aux mains de Bintrey. Celui-ci le classa en son ordre dans un de ces coffrets de fer scellés et portant sur une plaque le nom du testateur, qui étaient cérémonieusement rangés dans son cabinet de consultations, comme si ce sanctuaire de la légalité avait été en même temps un caveau funéraire. Quant à Wilding, l'esprit un peu rasséréné et reprenant courage, il se mit à ses occupations habituelles.

Son premier soin fut de réaliser l'installation patriarcale qu'il avait rêvé ; il fut aidé dans cette besogne par Madame Goldstraw et par Vendale. Le concours de celui-ci n'était peut-être pas aussi désintéressé qu'il en avait l'air. Le jeune homme pensait que lorsque la maison serait en ordre on pourrait donner à dîner à Obenreizer et à sa nièce.

Ce grand jour arriva, Madame Dor fut comprise dans l'invitation adressée à toute la famille Obenreizer. Si Vendale était amoureux auparavant, ce dîner mit le comble à sa passion et le poussa tout d'un coup jusqu'au délire. Cependant il ne put, quoi qu'il fît, obtenir un mot en particulier de la charmante Marguerite.

Plusieurs fois, dans le courant de la soirée, il crut trouver l'occasion de lui parler à l'oreille. Aussitôt, Obenreizer, avec son nuage, se trouvait là lui pressant les coudes; ou bien c'était le large dos de Madame Dor qui s'interceptait brusquement entre lui et la lumière vivante, c'est-à-dire Marguerite. Pas une fois, pas une seule fois si ce n'est pendant le repas, on ne put voir de face la respectable matrone, muette comme les montagnes où elle était née et dont elle était l'image. Après le dîner, dont elle avait pris sa large part, comme on passait au salon, elle regarda la muraille.

Et pourtant, durant ces quatre ou cinq heures, délicieuses quoique tourmentées, Vendale avait pu voir Marguerite, il avait pu l'entendre, s'approcher d'elle, effleurer sa robe. Lorsqu'on avait fait le tour des vieilles caves obscures, il la conduisait par la main; lorsque le soir elle chanta dans le salon, Vendale, debout auprès d'elle, tenait les gants qu'elle venait de quitter. Pour les garder, ces gants mignons, que n'eût-il point fait? Il aurait donné en échange jusqu'à la dernière goutte du vieux Porto de quarante-cinq ans, ce vin eût-il eu quarante-cinq fois les neuf lustres, eût-il coûté quarante-cinq fois quarante-cinq livres la bouteille!

Lorsqu'elle fut partie et que la solitude et l'ennui retombèrent comme un éteignoir immense sur le

Carrefour des Eloppés, il se fit cette question, pendant la nuit tout entière : —

— Sait-elle que je l'admire? Sait-elle que je l'adore? Peut-elle se douter qu'elle m'a conquis corps et âme? Si elle s'en doute, prend-elle seulement la peine d'y songer? Pauvres cœurs inquiets que nous sommes! N'est-il pas étrange de penser que ces millions d'hommes qui dorment, momifiés depuis tant d'années, ont été amoureux comme nous autres qui vivons, qu'ils ont éprouvé les mêmes angoisses, fait les mêmes sottises, et qu'ils ont pourtant trouvé le secret d'être tranquilles après tout cela!

— George, que pensez-vous de Monsieur Obenreizer? — demanda Wilding le lendemain. — Je ne veux pas vous demander ce que vous pensez de Mademoiselle Marguerite.

— Je ne sais, — dit Vendale, — je n'ai jamais bien pu savoir ce que je pensais de cet homme-là.

— Il est très-instruit et très-intelligent.

— Très-intelligent, pour sûr.

— Bon musicien.

Obenreizer avait fort bien chanté la veille.

— Très-bon musicien vraiment, — fit Vendale.

— Et il cause bien.

— Oui, — répétait toujours Vendale, — il cause bien. Savez-vous une chose, mon cher Wilding? c'est qu'en pensant à lui il me vient l'idée qu'il ne sait pas se taire.

— Quoi! — dit Wilding, — il n'est pas bavard jusqu'à l'importunité?

— Ce n'est pas là ce que je veux dire. Mais lorsqu'il se tait, son silence met ses interlocuteurs en peine. Son silence éveille tout de suite, vaguement, injustement peut-être, je ne sais quelle méfiance. Tenez, songez à des gens que vous connaissez, que vous aimez. Prenez n'importe lequel de vos amis...

— Ce sera bientôt fait, — dit Wilding, — c'est vous que je prends.

— Je ne voulais pas m'attirer ce compliment; je ne l'avais même pas prévu, — répliqua Vendale en riant. — Soit, prenez-moi donc et réfléchissez un moment. N'est-il pas vrai que la sympathie que vous fait éprouver mon intéressant visage vient, surtout, de l'expression qu'il a quand je suis silencieux. Et, en effet, cette expression n'étant point cherchée ni composée, est la plus naturelle, et l'on peut dire qu'elle est le vrai miroir de mon âme.

— Je crois que vous dites vrai.

— Je le crois aussi. Eh bien! quand Obenreizer parle, et qu'en parlant il s'explique lui-même, il s'en tire à son avantage. Mais quand il est silencieux, il est inquiétant. Donc, il se tire mal du silence. En d'autres termes, il cause bien, mais il ne sait pas se taire.

— C'est encore vrai, — dit Wilding, en riant à son tour.

Malgré les attentions et les soins dont ses amis l'entouraient, Wilding ne recouvrait que lentement la santé et le calme de l'esprit. Vendale, pour l'arracher à lui-même, et peut-être aussi dans le but de se procurer de nouvelles occasions de voir Marguerite, lui rappela son ancien projet de former chez lui une classe de chants

La classe fut promptement instituée, avec l'aide de deux ou trois personnes ayant quelques connaissances musicales et chantant d'une façon supportable. Le chœur fut formé, instruit, et conduit par Wilding. Le nom des Obenreizer vint de lui-même en cette affaire. C'étaient d'habiles musiciens ; il était donc tout naturel qu'on leur demandât de se joindre à ces réunions musicales. Le tuteur et la pupille y ayant consenti (ou le tuteur pour tous les deux), l'existence de Vendale ne fut plus qu'un mélange de ravissement et d'esclavage.

Dans la petite et vieille église, bâtie par Christophe Wreen, sombre et sentant le moisi comme une cave, lorsque, le Dimanche, le chœur était rassemblé et que vingt-cinq voix chantaient ensemble, n'était-ce pas la voix de Marguerite qui effaçait toutes les autres, qui faisait frémir les vitraux et les murailles, qui frappait les voûtes et perçait les ténèbres des bas côtés comme un rayon sonore ? Quel moment ! Madame Dor, assise dans un coin du temple, tournait le dos à tout le monde. Obenreizer aussi chantait.

Mais ces concerts séraphiques du Dimanche étaient encore surpassés par les concerts profanes du Mercredi, établis dans le Carrefour des Écloppés, pour l'amusement de la famille patriarcale. Le Mercredi, Marguerite tenait le piano et faisait entendre dans la langue de son pays les chants des montagnes. Ces chants naïfs et sublimes semblaient dire à Vendale : « Élève-toi au-dessus du niveau de la commerciale et rampante Angleterre... Viens au loin... bien au loin de la foule et du monde ; suis-moi... plus haut, plus haut encore. Allons nous mêler à la cime des pics, aux cieux azurés. Aimons-nous auprès du ciel ! »

En même temps le joli corsage, les bas à coins rouges, les souliers à boucles d'argent semblaient s'animer et courir; le large front blanc et les beaux yeux de Marguerite s'allumaient d'une flamme inspirée... Vendale en perdait la raison

Heureux concerts ! Il faut avouer, par exemple, qu'ils avaient eu d'abord plus de charme pour le jeune homme que pour Joey Laddle, son serviteur. Joey avait refusé avec fermeté de troubler ces flots d'harmonie en y mêlant sa voix trop rude. Il manifesfait un suprême dédain pour ces distractions frivoles, et il avait envoyé promener « toute l'affaire. »

Un jour pourtant, Joey Laddle, le grognon, s'avisa de découvrir une source de véritable plaisir dans un chœur qu'il n'avait pas encore entendu. Ce jour-là il s'adoucit jusqu'à prédire que les garçons de cave, ses subordonnés, feraient peut-être à la longue quelque progrès dans un art pour lequel ils n'étaient point nés. Une antienne d'Haëndel, le Dimanche suivant, acheva de le vaincre. Enfin, à quelque temps de là, l'apparition inattendue de Jarvis, armé d'une flûte, et d'un homme de journée, tenant un violon, et l'exécution par ces « deux artistes » d'un morceau fort bien enlevé, l'étonna jusqu'à le rendre stupide. Mais ce ne fut pas tout : à ce duo instrumental, un chant de Marguerite Obenreizer ayant succédé, il demeura bouche béante ; puis, quittant son siége d'un air solennel, faisant précéder ce qu'il allait dire d'un salut qui s'adressait particulièrement à Wilding, il s'écria : —

— Après cela, vous pouvez tous tant que vous êtes, aller vous coucher.

Ce fut ainsi que commencèrent la connaissance personnelle et les relations de société entre Marguerite Obenreizer et Joey Laddle. La jeune fille trouva le compliment si original et en rit de si bon cœur, que Joey s'approcha d'elle après le concert pour lui dire qu'il espérait n'avoir pas eu la maladresse de dire une maladresse. Marguerite l'assura qu'il avait eu beaucoup d'esprit. Joey inclina la tête d'un air satisfait.

— Vous ferez renaître ici les temps heureux, mademoiselle, — dit-il. — C'est une personne comme vous... et pas une autre... qui pourrait ramener la chance dans la maison.

— Ramener la chance!... — fit-elle dans son charmant Anglais un peu gauche. — J'ai peur de ne pas vous comprendre.

— Mademoiselle, — dit Joey d'un air confidentiel, — Monsieur Wilding a changé ici la chance. Ne le savez-vous pas? C'était avant qu'il prît pour associé le jeune George Vendale. Je les ai avertis. Allez, allez, ils s'en apercevront. Pourtant, si vous veniez quelquefois dans cette maison, et si vous chantiez pour conjurer le sort, vous sauriez peut-être bien l'apaiser.

Le Mercredi suivant, on remarqua autour de la table que l'appétit de Joey n'était plus digne de lui-même. On chuchota, on sourit. Chacun disait que ce miracle de Joey Laddle ne mangeant plus que comme un homme ordinaire, était produit par l'attente du plaisir qu'il se promettait à entendre chanter Mademoiselle Obenreizer, et par là crainte de ne pouvoir se procurer une bonne place pour ne rien perdre de ce plaisir. On sait que Joey Laddle avait l'oreille un peu dure. Ces malins propos arrivèrent jusqu'à Wilding, qui, dans sa bonté accoutumée, appela Joey auprès de lui. Et Joey Laddle, ayant écouté avec ravissement, se mit à répéter tout bas la fameuse phrase qui avait eu, la semaine précédente, un si grand succès de gaieté dans l'auditoire : « Après cela vous pouvez tous tant que vous êtes aller vous coucher. »

Mais les plaisirs simples et la douce joie qui animaient depuis quelque temps le Carrefour des Éclopés ne devaient pas avoir une longue durée. Il y avait une chose, une triste chose, dont chacun ne s'apercevait que trop bien depuis longtemps, et dont on évitait de parler comme d'un sujet pénible.

La santé de Wilding était mauvaise.

Peut-être Walter Wilding aurait-il supporté le coup qui l'avait frappé dans la plus grande affection de sa vie ; peut-être aurait-il triomphé du sentiment qui l'obsédait ; peut-être aurait-il fermé l'œil, à cette voix qui lui criait sans cesse : « Tu tiens dans le monde la place d'un autre et tu jouis de son bien ; » peut-être aurait-il défié et vaincu l'une de ces douleurs, l'un de ces deux tourments ; mais, réunis ensemble, ils étaient trop forts. Un homme, hanté par deux fantômes, est promptement terrassé. Ces deux spectres, — l'idée de celle qui n'était point sa mère et de celui qui était Wilding, le vrai Walter Wilding ; — ces deux spectres s'asseyaient à sa table avec lui, buvaient dans son verre, et s'installaient la nuit à son chevet. S'il songeait à l'attachement de sa mère supposée, il se sentait mourir. Quand, pour se reprendre à la vie, il se retraçait l'affection dont l'entouraient dans sa maison ses subordonnés et ses serviteurs, il se disait que cette affection aussi, il l'avait volée ; il se disait qu'il avait frauduleusement acquis le droit de les rendre heureux, car ce droit était celui d'un autre; le plaisir que cet autre y trouverait, il le lui dérobait encore comme le reste.

Peu à peu, sous cette impression terrible qui lui déchirait le cœur, son corps s'affaissa. Son pas s'alourdit, ses yeux cherchaient la terre. Il s'avouait bien qu'il n'était point coupable de l'erreur dont il recueillait injustement le profit, mais il reconnaissait en même temps son impuissance à réparer cette erreur. Les jours, les semaines, les mois s'écoulaient, et personne ne venait. Sur l'invitation des journaux, personne ne venait chez Bintrey réclamer son nom et son bien. La tête de Wilding s'égarait, et il en avait conscience. Il lui arrivait parfois que toute une heure, tout un jour s'effaçait de son esprit, comme si ce jour n'avait pas brillé à l'égal des autres. Il se disait : « Qu'ai-je fait hier ? » et ne s'en souvenait plus. Sa mémoire se perdait. Une fois elle lui échappa justement tandis qu'il dirigeait les chœurs et battait la mesure. Il ne la retrouva que longtemps après au milieu de la nuit, et il se promenait alors dans la cour de sa maison à la clarté de la lune.

— Qu'est-il donc arrivé? — demanda-t-il à Vendale.

— Vous n'avez pas été très-bien, — lui répondit celui-ci. — Voilà tout.

Wilding chercha une explication sur le visage de ses employés qui l'entourèrent.

— Nous sommes contents de voir que vous allez mieux, — lui dirent-ils.

Et il n'en put tirer autre chose.

Un jour, enfin, — et son association avec Vendale ne durait encore que depuis cinq mois, — il fut forcé de prendre le lit. Madame Goldstraw, sa femme de charge, devint sa garde-malade.

— Puisque je suis couché et que vous me soignez, Madame Goldstraw, — lui dit-il, — peut-être ne trouverez-vous pas mauvais que je vous appelle Sally?

— Ce nom résonne plus naturellement à mon oreille que tout autre, — fit-elle. — Et c'est celui que je préfère.

— Je vous remercie. Je crois que dans ces derniers temps j'ai dû éprouver certaines crises... Est-ce vrai, Sally?... Oh! vous n'avez plus à craindre de me le dire maintenant...

— Cela vous est arrivé, monsieur.

— Voilà l'explication que je cherchais, — murmura-t-il. — Sally, Monsieur Obenreizer dit que la terre est si petite, qu'il n'est pas étonnant que les mêmes gens se heurtent sans cesse et se retrouvent partout... Voyez! Puisque vous êtes près de moi, me voilà presque revenu aux Enfants Trouvés pour y mourir.

Il étendit la main vers les siennes. Elle la prit avec douceur.

— Vous ne mourrez point, cher Monsieur Wilding.

— C'est ce que Monsieur Bintrey m'assure; mais depuis que je suis couché, j'éprouve le même calme, le même repos que jadis, quand j'étais heureux, au moment où j'allais dormir. En vérité, je m'endors aussi doucement que dans mon enfance, lorsque vous me berciez, Sally, vous en souvenez-vous?

Après un instant de silence, il se mit à sourire.

— Je vous en prie, nourrice, embrassez-moi, — dit-il.

Sa raison l'abandonnait tout à fait, il se croyait dans le dortoir de l'Hospice.

Sally, accoutumée naguère à se pencher sur les pauvres petits orphelins, se pencha vers ce pauvre homme, orphelin aussi, et le baisant au front : —

— Que Dieu vous protége! — murmura-t-elle.

Il rouvrit les yeux.

— Sally, — dit-il, — ne me remuez pas. Je suis très-bien couché, je vous assure... Ah! je crois que mon heure est venue. Je ne sais quel effet ma mort va produire sur vous, Sally, mais sur moi-même...

Il perdit connaissance... et il mourut...

DEUXIÈME ACTE.

VENDALE SE DÉCLARE.

L'été et l'automne s'étaient écoulés. On arrivait à la Noël et à l'année nouvelle.

Comme deux loyaux exécuteurs testamentaires, déterminés à remplir leur devoir envers le mort, Vendale et Bintrey avaient tenu plus d'un conseil. L'homme de loi avait fait tout d'abord ressortir l'impossibilité matérielle de suivre aucune marche régulière. Tout ce qui pouvait être fait d'utile et de sensé pour découvrir le propriétaire légitime du bien qu'ils avaient entre les mains n'avait-il pas été fait par Wilding lui-même? Il résultait clairement de l'insuccès de ces différentes tentatives que le temps ou la mort n'avaient laissé aucune trace de l'enfant adopté. A quoi bon continuer à faire des annonces, si l'on ne voulait point entrer dans certaines particularités explicatives; et si l'on y entrait, n'était-on pas sûr de voir arriver la moitié des imposteurs de l'Angleterre?

— Si nous trouvons quelque jour une chance, une

occasion, — disait Bintrey, — nous la saisirons aux cheveux... sinon... Eh bien, réunissons-nous pour une autre consultation au premier anniversaire de la mort de Wilding.

Tel fut l'avis de l'homme d'affaires. C'est ainsi que Vendale, bien qu'animé du plus sérieux désir de remplir le vœu de l'ami qu'il avait perdu, fut contraint de laisser, pour le moment, dormir cette affaire.

Abandonnant donc les intérêts du passé pour songer à ceux de l'avenir, le jeune homme voyait devant ses yeux cet avenir de plus en plus incertain. Des mois s'étaient écoulés depuis sa première visite à Soho Square, et jusqu'alors le seul langage dont il eût pu se servir pour faire comprendre à Marguerite qu'il l'aimait, avait été celui des yeux, fortifié quelquefois d'un rapide serrement de mains. Quel était donc l'obstacle qui s'opposait à l'avancement de ses espérances? Toujours le même. Les occasions se présentaient en vain, et Vendale avait beau redoubler d'efforts pour arriver à causer seul à seul un moment avec Marguerite, toutes ses tentatives se terminaient par le même déboire et le même accident. A l'instant favorable Obenreizer trouvait le moyen d'être là.

Que faire? On était aux derniers jours de l'année. Vendale crut avoir, enfin, rencontré un hasard propice, et il se jura, cette fois, d'en profiter pour entretenir la jeune Suissesse. Il venait de recevoir un billet tout cordial d'Obenreizer qui le conviait, à l'occasion du nouvel an, à un petit dîner de famille dans Soho Square.

« Nous ne serons que quatre convives, » disait la lettre.

— Nous ne serons que deux ! — se dit Vendale avec résolution.

La solennité du jour de l'an chez les Anglais consiste à donner à dîner ou à se rendre aux dîners d'autrui, rien de plus. Au delà du détroit, c'est la coutume, en pareil jour, que de donner et de recevoir des présents. Or, il est toujours possible d'acclimater une coutume étrangère, et Vendale n'hésita pas un instant à en faire l'essai. La seule difficulté pour lui fut de décider quel cadeau il allait faire à Marguerite. Si ce cadeau était trop riche, l'orgueil de cette jolie fille de paysan, qui sentait avec impatience l'inégalité de leur condition sociale à tous deux, en serait blessé. Un présent qu'un homme pauvre eût aussi bien pu faire que lui, parut à Vendale le seul qui fût capable de trouver le chemin du cœur de la Suissesse. Il résista donc fortement à la tentation que les diamants et les rubis faisaient naître devant ses yeux et il fit l'emplette d'une broche en filigrane de Gênes, l'ornement le plus simple qu'il eût pu découvrir dans la boutique du joaillier.

Le jour du dîner, comme il entrait dans la maison de Soho Square, Marguerite vint au-devant de lui. Il glissa doucement son cadeau dans la main de la jeune fille.

— C'est le premier jour de l'an que vous passez en Angleterre, — lui dit-il, — voulez-vous me permettre d'imiter ce qui se fait à pareil jour dans votre pays?

Elle le remercia, non sans un peu de contrainte,

regardant l'écrin et ne sachant ce qu'il pouvait contenir. Lorsqu'elle l'eut ouvert et qu'elle vit la simplicité de cette offrande, elle devina sans peine l'intention du jeune homme, et se tournant vers lui toute radieuse, son regard lui disait : « Pourquoi vous cacherais-je que vous avez su me plaire et me flatter? »

Vendale ne l'avait jamais trouvée si charmante qu'en ce moment dans son costume d'hiver : une jupe en soie de couleur sombre, un corsage de velours noir montant jusqu'au cou et garni d'un duvet de cygne. Jamais il n'avait admiré si fort le contraste de ses cheveux noirs et de son teint éblouissant. Ce ne fut que lorsqu'elle le quitta pour s'approcher d'un miroir et substituer sa broche de filigrane à celle qu'elle portait auparavant, que Vendale s'aperçut de la présence des autres personnes assises dans la chambre. Les mains d'Obenreizer prirent alors possession de ses coudes, et son hôte le remercia de l'attention qu'il avait eue pour Marguerite.

— Un présent d'une si grande simplicité témoigne chez celui qui l'a fait d'un tact bien délicat! — dit-il d'un air presque imperceptible de raillerie.

Vendale, en ce moment, s'aperçut qu'il y avait un autre invité que lui-même à ce repas de famille.

Un seul invité. Obenreizer le lui présenta comme un compatriote et un ami. La figure de ce compatriote était insignifiante et morne; le corps de cet ami était gros ; son âge : c'était l'automne de la vie. Dans le courant de la soirée il eut occasion de développer deux talents ou deux capacités peu ordinaires. Personne ne savait mieux être muet, personne ne vidait plus lestement les bouteilles que l'ami et le compatriote d'Obenreizer.

Madame Dor n'était point dans l'appartement; on ne manqua pas d'expliquer son absence. Il paraît que les habitudes de la bonne dame étaient si simples qu'elle ne dînait jamais qu'au milieu du jour.

— Elle viendra s'excuser dans la soirée, — dit Obenreizer.

Vendale se demanda si l'absence de Madame Dor n'avait pas une autre raison que la simplicité de ses goûts. Il pensa qu'elle avait pour une fois interrompu ses occupations domestiques ordinaires, qui consistaient à nettoyer des gants et qu'elle daignait faire la cuisine. La vérité de cette supposition se manifesta dès les premiers plats qu'on servit et qui témoignaient d'un art culinaire bien supérieur à la cuisine Anglaise élémentaire et brutale. Le dîner fut parfait. Quant aux vins, les gros yeux toujours roulants du convive muet les célébraient avec éloquence, et les convoitaient, ravis, en extase. Il disait un: Bon! quand la bouteille arrivait pleine; il soupirait un : Ah! quand on la remportait vide. Ce fut là toute la somme d'esprit et de gaieté qu'il dépensa durant le repas.

Le silence est parfois contagieux; accablés par leurs soucis personnels, Marguerite et Vendale cédaient à ce bel exemple de mutisme. Tout le poids de la conversation retomba sur Obenreizer qui l'accepta bravement.

Il ouvrit et répandit son cœur.

— Je suis un étranger éclairé, — dit-il.

Et le voilà chantant les louanges de l'Angleterre!

Et quand tous les autres sujets furent épuisés, il revint à cette source inépuisable, faisant toujours courir ce petit ruisseau avec la main.

— Examinez cette nation Anglaise. Quels hommes grands, et robustes, et propres! Considérez les villes. Quelle magnificence dans les édifices! Quel ordre et quelle régularité dans les rues! Admirez leurs lois qui combinent l'éternel principe de la justice avec cet autre éternel principe du respect et de l'amour des livres, des shillings, et des pence? Est-ce qu'en Angleterre, on n'applique point ce produit monnayé à toutes les injures civiles, depuis l'injure faite à l'honneur d'un homme jusqu'à l'injure faite à son nez? Vous avez séduit ma fille, allons! des pence, des shillings, et des livres! Vous m'avez renversé et donné des horions sur la face! des livres, des pence, et des shillings Après cela, je vous le demande, où la prospérité matérielle d'un tel pays pourrait-elle s'arrêter?

Obenreizer plongeant du regard dans l'avenir, chercha vainement à entrevoir la fin de cette prospérité sans bornes! Son enthousiasme demanda la permission, suivant la mode Anglaise, de s'exhaler dans un toast.

— Voilà notre modeste dîner terminé! — s'écria-t-il. — Voilà notre frugal dessert sur la table! Voici l'admirateur de l'Angleterre qui se conforme aux habitudes Anglaises, et qui fait un speach. Un toast à ces blanches falaises d'Albion, Monsieur Vendale? Un toast à vos vertus patriotiques, à votre heureux climat, à vos charmantes femmes, à vos foyers, à votre *Habea corpus*, à toutes vos institutions, à l'Angleterre! Heep!... heep!... heep!... hooray!...

A peine Obenreizer avait-il poussé cette dernière note du vivat Britannique, à peine l'ami muet avait-il savouré la dernière goutte contenue dans son verre, que le festin fut interrompu par un coup frappé à la porte. Une servante entra, apportant un billet à son maître. Obenreizer l'ouvrit, le lut, le tendit tout ouvert à son compatriote, avec une expression de contrariété visible. L'esprit engourdi de Vendale se réveilla tout à coup. Le jeune homme se mit à surveiller son hôte. Avait-il enfin trouvé un allié sous la forme de ce billet si mal accueilli par le Suisse? Le hasard si longtemps attendu se présentait-il enfin?

— J'ai bien peur qu'il n'y ait pas de remède, — dit Obenreizer à son compatriote, — et que nous soyons forcés de sortir.

L'ami muet lui rendit la lettre en levant les épaules et se versa une demi-rasade. Ses gros doigts s'enroulèrent avec tendresse autour du goulot de la bouteille, comme s'il voulait la presser amoureusement encore une fois avant que de lui dire adieu. Ses gros yeux considéraient Marguerite et Vendale comme à travers un brouillard. Il fit un terrible effort et une phrase entière sortit tout d'un trait de sa bouche.

— Je crois, — dit-il, — que j'aurais désiré un peu plus de vin.

Après quoi le souffle lui manqua. Il respira convulsivement et se dirigea vers la porte.

— Je suis blessé, confus, et au désespoir de ce qui arrive, — dit Obenreizer à Vendale. — Un malheur est arrivé à l'un de mes compatriotes. Il est seul; mon ami que voilà et moi, nous n'avons pas d'autre alternative que de nous rendre auprès de lui et de le secourir. Que puis-je vous dire pour m'excuser? Comment vous dépeindre mon désappointement de me voir ainsi privé de l'honneur de votre compagnie?...

Il s'arrêta avec l'espérance visible que Vendale allait prendre son chapeau et se retirer. Mais celui-ci croyait enfin avoir saisi l'occasion d'un tête-à-tête avec Marguerite.

— Je vous en prie, — dit-il, — ne vous désolez pas si fort. J'attendrai ici votre retour avec le plus grand plaisir.

Marguerite rougit vivement et alla s'asseoir devant son métier à tapisserie dans l'embrasure de la croisée. Les yeux d'Obenreizer se couvrirent de leur nuage, un sourire quelque peu amer passa sur ses lèvres. Dire à Vendale qu'il n'espérait point rentrer de bonne heure, c'eût été risquer d'offenser un homme dont la bienveillance lui était d'une importance commerciale sérieuse. Il accepta donc sa défaite avec la meilleure grâce possible.

— A la bonne heure! — s'écria-t-il, — que de franchise!... que d'amitié!... Comme c'est bien Anglais, cela!

Il s'agitait fort, ayant l'air de chercher autour de lui un objet dont il avait apparemment besoin. Il disparut un moment par la porte qui s'ouvrait sur la pièce voisine, revint avec son chapeau et son paletot, annonça qu'il rentrerait aussitôt qu'il le pourrait pressa les coudes de Vandale, et sortit avec l'ami muet.

Vendale se retourna vers la fenêtre où Marguerite s'était assise.

Là, comme s'il était tombé du plafond ou sorti du parquet, là dans son attitude sempiternelle, le visage tourné vers le poêle, se trouvait un obstacle inattendu, sous la forme de Madame Dor. Elle se souleva, regarda par-dessus sa large et plantureuse épaule, et retomba comme une masse sur sa chaise. Travaillait-elle? Oui. A nettoyer les gants d'Obenreizer? Non. A repriser ses bas.

La situation devenait trop cruelle. Deux moyens se présentèrent à l'esprit de Vendale. Était-il possible de se défaire de Madame Dor, et de la fourrer dans son poêle? Le poêle ne pourrait la contenir. Était-il possible de traiter la bonne dame non plus comme une personne vivante, mais comme un objet mobilier? Pouvait-on, avec un effort d'intelligence, arriver à la considérer, par exemple, comme une commode, et sa coiffure de gaze noire comme un objet qu'on aurait laissé traîner dessus par accident! Oui, l'on pouvait faire cet effort, et l'intelligence de Vendale le fit. Il alla prendre place dans l'enfoncement de la croisée à l'ancienne mode, tout près de Marguerite et de son métier. La commode fit un léger mouvement, mais ne le fit suivre d'aucune observation. Rappelez-vous ici qu'un gros meuble est difficile à remuer.

Plus silencieuse et plus contrainte qu'à l'ordinaire, Marguerite était émue. Ses belles couleurs s'effacèrent de ses joues; une énergie fiévreuse courut dans ses doigts; la jeune fille se pencha sur sa broderie, travaillant avec autant d'activité que si elle travaillait pour vivre. Vendale n'était guère moins agité; il sentait combien de ménagements il fallait prendre pour amener doucement Marguerite à écouter son aveu, et à lui en faire un autre en échange. L'amour d'une jeune fille est chose délicate, qu'il ne faut point traiter brusquement; aussi Vendale essaya-t-il d'abord d'un système d'approches graduelles : il prit des détours et écouta d'un air soumis la voix qui, tout bas, l'avertissait d'être plus circonspect. Adroitement, il ramena la mémoire de Marguerite vers le passé, vers l'époque de leur première rencontre lorsqu'ils voyageaient en Suisse. Ils firent ainsi revivre entre eux les sensations d'autrefois, et les souvenirs de cet heureux temps qui n'était plus. Peu à peu la contrainte de Marguerite se dissipa ; elle sourit, elle écouta Vendale; elle lui souriait et son aiguille devenait paresseuse. Elle fit plus d'un faux point dans son ouvrage. Cependant les deux jeunes gens se parlaient de plus en plus ouvertement à voix basse, leurs deux visages se penchaient l'un vers l'autre.

Madame Dor se conduisit comme un ange. Pas une seule fois elle ne se retourna, ni ne souffla mot. Elle continuait à se débattre avec les bas d'Obenreizer, les tenant serrés sous son bras gauche et levant le bras droit vers le ciel. Il y eut pour les amoureux de délicieux et indescriptibles moments, où Madame Dor paraissait vraiment être assise sens dessus dessous et ne plus contempler que ses jambes, ses propres et respectables jambes qui s'agitaient en l'air. Ces mouvements ascensionnels se succédaient, mais plus lentement, à mesure que les minutes s'écoulaient. En même temps, sur la tête de Madame Dor, la gaze noire se balançait, tombait en avant, revenait en arrière. Un paquet de bas s'échappa des genoux de la bonne dame et demeura sur le parquet; un énorme peloton de laine suivit les bas et s'en alla rouler sur la table. La coiffure de gaze entra de nouveau en danse. Un son étrange, qui ressemblait un peu au miaulement d'un gros chat, un peu au cri d'une planche de bois tendre qu'on rabote, s'éleva au-dessus des chuchotements de nos deux amoureux. C'est que la nature et Madame Dor s'étaient entendues ensemble pour le plus grand bonheur de Vendale; la vieille Suissesse, la meilleure des femmes, dormait.

Marguerite se leva pour l'arracher aux douceurs de ce repos d'occasion. Vendale retint la jeune fille par le bras et la repoussa doucement vers sa chaise.

— Ne la dérangez pas, — murmura-t-il. — J'ai longtemps attendu le moment de vous dire un secret. Laissez-moi parler enfin.

Marguerite reprit sa place, elle essaya de reprendre son aiguille, mais ses yeux étaient couverts d'un voile et sa main tremblait.

— Nous rappelions, tout à l'heure, — dit Vendale, — cet heureux temps où nous nous sommes rencontrés et où, pour la première fois, nous avons voyagé ensemble. Oh! j'ai un aveu à vous faire, Marguerite, je vous ai caché quelque chose. Lorsque plus tard je vous parlai de ce premier voyage, je vous fis part de toutes les impressions que j'avais rapportées en

Angleterre, une seule exceptée. Pouvez-vous deviner quelle était cette impression qui effaçait toutes les autres ?

Les yeux de Marguerite demeurèrent fixés sur sa broderie, elle détourna son visage. De grands signes de trouble commencèrent à se manifester sur son chaste corsage de velours noir, non loin des blanches régions dont la broche de filigrane fermait le passage. Elle ne répondit pas un mot. Et cependant Vendale insistait sans pitié pour obtenir une réponse.

— Cette impression, que je rapportais de Suisse, — dit-il, — quelle était-elle ?... Ne pouvez-vous la deviner ?

Cette fois, elle tourna les yeux vers lui. Un faible sourire effleurait ses lèvres.

— L'impression de la beauté des montagnes, je pense, — dit-elle.

— Non... non... une émotion bien plus précieuse que celle-là !...

— De la beauté des lacs, alors ?...

— Non, les lacs me sont devenus plus chers parce qu'ils me rappellent cette émotion qu'aucun mot ne peut rendre. J'aime les lacs, mais leur beauté n'est pas si étroitement liée à mon bonheur dans le présent et à mes espérances d'avenir. C'est de vous que ce bonheur dépend. Vous seule pouvez me rendre la vie aimable et belle, Marguerite, par un mot tombé de vos lèvres. Je vous aime !...

Le front de Marguerite se pencha lorsque Vendale lui prit la main. Il attira la jeune fille vers lui et la regarda. Des larmes s'échappaient de ses beaux yeux célestes et roulaient doucement sur ses joues pâles.

— Oh ! Monsieur Vendale, — dit-elle tristement, — il eût été bien mieux de garder votre secret. Avez-vous oublié la distance qui est entre nous ? Ce que vous dites ne peut jamais... jamais être...

— Il ne peut y avoir de distance entre nous, que celle que vous creuserez vous-même, Marguerite, en ne m'aimant point lorsque je vous aime. Il n'y a pas de plus haut rang que le vôtre dans le royaume de la bonté et de la beauté. Dites-moi, Marguerite, dites-moi tout bas ce seul petit mot que je vous demande et qui m'apprendra si vous voulez être ma femme.

Elle soupira.

— Pensez à votre famille, — murmura-t-elle, — et pensez à la mienne !

Vendale l'attira de plus près sur son cœur.

— Si vous vous laissez arrêter par un obstacle comme celui-là, — dit-il, — savez-vous ce que je croirai, Marguerite ?... C'est que je vous ai offensée.

Marguerite tressaillit.

— Oh ! ne croyez pas cela ! — s'écria-t-elle.

Ces mots n'étaient pas encore sortis de ses lèvres qu'elle comprit le sens que Vendale ne pouvait manquer de leur donner. Son aveu lui avait échappé malgré elle; une rougeur charmante couvrit son visage; elle fit un effort pour se dégager de l'embrassement du jeune homme; elle le regardait d'un air suppliant; elle essaya de parler, mais sa voix expira sur ses lèvres dans un baiser qu'il venait d'y imprimer.

— Laissez-moi, — dit-elle, — laissez-moi me retirer, Monsieur Vendale.

— Appelez-moi George.

Marguerite laissa la tête du jeune homme se reposer sur son sein. Son cœur enfin s'élançait vers lui.

— George! — murmura-t-elle.

— Dites-moi que vous m'aimez.

Ses bras enlacèrent le cou de George, sa bouche toucha la joue brûlante du jeune homme, et elle murmura ces mots délicieux : —

— Je vous aime!

Il y eut un moment de silence, bientôt troublé par le bruit de la porte de la maison qui s'ouvrait et se refermait. Ce bruit arriva par bonheur aux oreilles distraites des deux amants, dans le silence de cette soirée d'hiver, et Marguerite se leva en sursaut.

— Laissez-moi partir, — dit-elle, — c'est lui!

Elle sortit précipitamment de la chambre et toucha, en passant, l'épaule de Madame Dor. La bonne dame s'éveilla avec un ronflement terrible, regarda par-dessus son épaule gauche, par-dessus son épaule droite, puis sur ses genoux. Elle n'y découvrit ni bas, ni laine, ni aiguille. Cependant les pas d'Obenreizer retentissaient dans l'escalier.

— Mon Dieu! — dit Madame Dor, s'adressant au poêle.

Vendale ramassa les bas et le peloton, et jeta le tout à Madame Dor.

— Mon Dieu! — répéta-t-elle, — tandis que cette avalanche s'engloutissait dans son vaste giron.

La porte s'ouvrit. Obenreizer entra. Du premier coup d'œil, il vit que Marguerite était absente.

— Eh ! quoi ! — s'écria-t-il, — ma nièce s'est retirée ! Ma nièce n'est point restée pour vous faire compagnie, Monsieur Vendale. C'est impardonnable, je vais la ramener.

Vendale l'arrêta.

— Ne dérangez pas Mademoiselle Obenreizer, — dit-il. — Je vois que vous êtes revenu sans votre ami.

— Il est resté auprès de notre compatriote pour le consoler. Une scène à déchirer le cœur, Monsieur Vendale. Les pénates au Mont de Piété ! Tout une famille plongée dans les larmes ! Nous nous sommes tous embrassés en silence. Mon ami était le seul qui fût resté maître de lui !

Là-dessus, il envoya chercher du vin.

— Puis-je vous dire un mot en particulier, Monsieur Obenreizer ? — lui demanda Vendale.

— Assurément.

Obenreizer se tourna vers Madame Dor.

— Bonne et chère créature, vous succombez au besoin de repos, — lui dit-il, — Monsieur Vendale vous excusera.

Madame Dor se mit en route et n'accomplit pas, sans peine, le grand voyage du poêle à son lit. Chemin faisant, elle laissa tomber un bas ; Vendale le ramassa et ouvrit la porte à la bonne dame. Elle fit un pas en avant. Voilà encore un bas par terre ! Vendale se baissa de nouveau et Obenreizer intervint avec force excuses, tout en lançant à la vieille Suissesse certain regard qui acheva de la mettre en désordre. Cette fois, tous les bas roulèrent ensemble sur le parquet, et, frappée d'épouvante, Madame Dor s'enfuit, tandis qu'Obenreizer balayait des deux mains tout le parquet avec fureur.

— Madame Dor ! — s'écria-t-il.

— Mon Dieu !

On entendit un sifflement dans l'air et Madame Dor disparut sous une grêle de bas. Obenreizer ne se possédait plus.

— Que devez-vous penser, Monsieur Vendale, — s'écria-t-il, — de ce déplorable empiétement des détails domestiques dans ma maison ? Quant à moi, j'en rougis vraiment. Ah ! nous commençons mal la nouvelle année : tout a été de travers ce soir. Asseyez-vous, je vous prie, et dites-moi ce que je puis vous offrir. Ne prouverons-nous point ensemble notre respect à une de vos grandes institutions Anglaises ? Ma foi, mon étude, à moi, toute mon étude, c'est d'être un joyeux compagnon. Je vous propose un grog.

Vendale déclina le grog, avec tout le respect voulu pour cette grande institution ironiquement célébrée par Obenreizer.

— Je désire vous parler d'une chose qui m'intéresse, plus qu'aucune autre au monde, — reprit-il. — Vous avez pu remarquer, dès les premiers moments où nous nous sommes rencontrés, l'admiration que m'a inspirée votre charmante nièce.

— Vous êtes bon, Monsieur Vandale. Au nom de ma nièce, je vous remercie.

— Peut-être avez-vous aussi observé dans ces derniers temps que mon admiration pour Mademoiselle Obenreizer s'était changée en un sentiment plus profond... plus tendre ?

— L'appellerons-nous le sentiment de l'amitié, Monsieur Vendale ?

— Donnez-lui le nom d'amour... et vous serez plus près de la vérité.

Obenreizer fit un bond hors de son fauteuil. Le battement étrange, à peine perceptible, qui était chez lui le plus sûr indice d'une prochaine colère, se fit voir sur ses joues.

— Vous êtes le tuteur de Mademoiselle Marguerite, — continua Vendale, — je vous demande de m'accorder la plus grande des faveurs, la main de votre nièce...

Obenreizer retomba sur sa chaise.

— Monsieur Vandale, — dit-il, — vous me pétrifiez.

— J'attendrai, — fit Vendale, — j'attendrai que vous soyez remis.

— Bon ! — murmura Obenreizer, — un mot avant que je revienne à moi ! Vous n'avez rien dit de tout ceci à ma nièce.

— J'ai ouvert mon cœur tout entier à Mademoiselle Marguerite, et j'ai lieu d'espérer ..

— Quoi ! — s'écria Obénreizer, — vous avez fait une pareille demande à ma nièce sans avoir pris mon consentement... Vous avez fait cela ?

Il frappa violemment sur la table et, pour la première fois, perdit toute puissance sur lui-même.

— Quelle conduite est la vôtre ! — s'écria-t-il, — et comment, d'homme d'honneur à homme d'honneur, pourriez-vous la justifier ?

— Ma justification est bien simple, — repartit Vendale sans se troubler; — c'est là une de nos coutumes Anglaises. Or, vous professez une grande admiration pour les institutions et les habitudes de l'Angleterre. Je ne puis honnêtement vous dire que je regrette ce que j'ai fait. Je me dois seulement à moi-même de vous assurer que dans cette affaire je n'ai pas agi avec l'intention de vous manquer de respect. Ceci établi, puis-je vous prier de me dire franchement quelle objection vous élevez contre ma demande?

— Quelle objection? — dit Obenreizer, — c'est que ma nièce et vous n'êtes pas de la même classe. Il y a inégalité sociale. Ma nièce est la fille d'un paysan, vous êtes le fils d'un gentleman. Vous me faites beaucoup d'honneur... beaucoup d'honneur, — reprit-il en revenant peu à peu à la politesse obséquieuse dont il ne s'était jamais départi avant ce jour, — un honneur qui ne mérite pas moins que toute ma reconnaissance. Mais je vous le dis, l'inégalité est trop manifeste, et, de votre part, le sacrifice serait trop grand. Vous autres Anglais, vous êtes une nation orgueilleuse. J'ai assez vécu dans ce pays pour savoir qu'un mariage comme celui que vous me proposez serait un scandale. Pas une main ne s'ouvrirait devant votre paysanne de femme, et tous vos amis vous abandonneraient...

— Un instant, — dit Vendale, — l'interrompant à son tour, — je puis bien prétendre en savoir autant sur mes compatriotes en général, et sur mes amis en particulier, que vous-même. Aux yeux de tous ceux dont l'opinion a quelque prix pour moi, ma femme même serait la meilleure explication de mon mariage.

Si je ne me sentais pas bien sûr... remarquez que je dis bien sûr... d'offrir à Mademoiselle Marguerite une situation qu'elle puisse accepter sans s'exposer à aucune humiliation, entendez-vous bien, aucune !... je ne demanderais pas sa main... Y a-t-il un autre obstacle que celui-là ?... Avez-vous à me faire une autre objection qui me soit personnelle ?

Obenreizer lui tendit ses deux mains en forme de protestation courtoise.

— Une objection qui vous soit personnelle ! — dit-il, — cher monsieur, cette seule question est bien pénible pour moi.

— Bon ! — dit Vendale, — nous sommes tous deux des gens d'affaires. Vous vous attendez naturellement à me voir justifier devant vos yeux de mes moyens d'existence, je puis vous expliquer l'état de ma fortune en trois mots : j'ai hérité de mes parents vingt mille livres. Pour la moitié de cette somme, je n'ai qu'un intérêt viager qui, si je meurs, sera reversible sur ma veuve. Si je laisse des enfants le capital en sera partagé entre eux quand ils seront majeurs. L'autre moitié de mon bien est à ma libre disposition. Je l'ai placée dans notre maison de commerce, que je vois prospérer chaque jour ; cependant je ne puis en évaluer aujourd'hui les bénéfices à plus de douze cents livres par an. Joignez à cela ma rente viagère, c'est un total de quinze cents livres. Avez-vous quelque chose à dire à ce sujet contre moi ?

Obenreizer se leva, fit un tour dans la chambre. Il ne savait absolument plus que dire ni que faire.

— Avant que je réponde à votre dernière question, — dit-il, — après un petit examen discret de lui-même, — je vous demande la permission de retourner pour un moment auprès de Mademoiselle Obenreizer. J'ai conclu d'un mot que vous m'avez dit tout à l'heure qu'elle répondait à vos sentiments.

— C'est vrai, — fit Vendale, — j'ai l'inexprimable bonheur de savoir qu'elle m'aime.

Obenreizer demeura d'abord silencieux. Le nuage couvrit ses prunelles, le battement imperceptible agita ses joues.

— Excusez-moi quelques minutes, — dit-il avec sa politesse cérémonieuse, — je voudrais parler à ma nièce.

Puis il salua Vendale et quitta la chambre.

Vendale, demeuré seul, se mit à rechercher la cause de ce refus inattendu qu'il rencontrait. Obenreizer l'avait constamment empêché depuis quelques mois de faire sa cour à Marguerite. Maintenant il s'opposait à un mariage si avantageux pour sa nièce, que son esprit ingénieux même ne pouvait trouver à l'encontre aucune raison sérieuse. Incompréhensible conduite que celle d'Obenreizer ! Qu'est-ce que cela voulait dire ?

Pour se l'expliquer à lui-même, Vendale descendit au fond des choses ; il se souvint qu'Obenreizer était un homme de son âge, et que Marguerite n'était sa nièce qu'à demi. Avec la prompte jalousie des amants, il se demanda s'il n'avait pas en même temps devant lui un rival à redouter et un tuteur à conquérir. Cette pensée ne fit que traverser son esprit ; ce fut tout. La sensation du baiser de Marguerite qui brûlait encore sa joue lui rappela qu'un mouvement de jalousie même passagère, était maintenant un outrage envers la jeune fille.

En y réfléchissant bien, on pouvait croire qu'un motif personnel et d'un tout autre genre dictait à Obenreizer une conduite si surprenante. La grâce et la beauté de Marguerite étaient de précieux ornements pour ce petit ménage. Elles donnaient du charme et de l'importance à la maison, des armes à Obenreizer pour subjuguer ceux dont il avait besoin, une certaine influence sur laquelle il pouvait toujours compter pour donner de l'attrait au logis et dont il pouvait user pour son intérieur. Était-il homme à renoncer à tout cela sans compensation? Une alliance avec Vendale lui offrait, sans doute, certains avantages très-sérieux. Mais il y avait à Londres des centaines d'hommes plus puissants, plus accrédités que George, et peut-être avait-il placé son ambition et ses espérances plus haut!

A ce moment même où cette dernière question traversait l'esprit de Vendale, Obenreizer reparut pour y répondre ou pour n'y point répondre, ainsi que la suite de ce récit va le démontrer.

Il s'était fait un grand changement dans l'attitude et dans toute la personne d'Obenreizer; ses manières étaient bien moins assurées; il y avait autour de ses lèvres tremblantes des signes manifestes d'un trouble profond et violent. Venait-il de dire quelque chose qui avait fait entrer le cœur de Marguerite en révolte? Venait-il de se heurter contre la volonté bien déterminée de la jeune fille? Peut-être oui, peut-être que non. Sûrement, il avait l'air d'un homme rebuté et désespéré de l'être.

— J'ai parlé à ma nièce, — dit-il, — Monsieur Vendale; l'empire que vous exercez sur son esprit ne l'a pas entièrement aveuglée sur les inconvénients sociaux de ce mariage?...

— Puis-je vous demander, — s'écria Vendale, — si c'est là le seul résultat de votre entrevue avec Mademoiselle Marguerite?

Un éclair jaillit des yeux d'Obenreizer à travers le nuage.

— Oh! vous êtes le maître de la situation, — répondit-il d'un ton de soumission ironique, — la volonté de ma nièce et la mienne avaient coutume de n'en faire qu'une. Vous êtes venu vous placer entre Mademoiselle Marguerite et moi; sa volonté, à présent, est la vôtre. Dans mon pays, nous savons quand nous sommes battus et nous nous rendons alors avec grâce... à de certaines conditions. Revenons à l'exposé de votre fortune... Ce que je trouve à objecter contre vous, c'est une chose renversante et bien audacieuse pour un homme de ma condition parlant à un homme de la vôtre!

— Quelle est cette chose renversante?

— Vous m'avez fait l'honneur de me demander la main de ma nièce. Pour le moment... avec l'expression la plus vive de ma reconnaissance et de mes plus profonds respects... je décline cet honneur.

— Pourquoi?

— Parce que vous n'êtes pas assez riche.

Ainsi qu'Obenreizer l'avait prévu, Vendale demeura frappé de surprise. Il était muet.

— Votre revenu est de quinze cents livres, — poursuivit Obenreizer. — Dans ma misérable patrie, je tomberais à genoux devant ces quinze cents livres, et je m'écrierais que c'est une fortune princière. Mais, dans l'opulente Angleterre, je dis que c'est une modeste indépendance, rien de plus. Peut-être serait-elle uffisante pour une femme de votre rang, qui n'aurait point de préjugés à vaincre; ce n'est pas assez de moitié pour une femme obscurément née, pour une étrangère qui verrait toute la société en armes contre elle. Si ma nièce doit jamais vous épouser, il lui faudra vraiment accomplir les travaux d'Hercule pour arriver à conquérir son rang dans le monde. Ce n'est peut-être pas là votre manière de voir, mais c'est la mienne. Je demande que ces travaux d'Hercule soient rendus aussi doux que possible à Mademoiselle Marguerite. Dites-moi, Monsieur Vendale, avec vos quinze cents livres, votre femme pourrait-elle avoir une maison dans un quartier à la mode? Un valet de pied pour ouvrir sa porte? Un sommelier pour verser le vin à sa table? Une voiture, des chevaux, et le reste?... Je vois la réponse sur votre figure, elle me dit : Non... Très-bien. Un mot encore et j'ai fini. Prenez la généralité des Anglaises, vos compatriotes, d'une éducation soignée et d'une grâce accomplie. N'est-il pas vrai qu'à leurs yeux, la dame qui a maison dans un quartier à la mode, valet de pied pour ouvrir sa porte, sommelier pour servir à sa table, voiture à la remise, chevaux à l'écurie, n'est-il pas vrai que cette dame a déjà gagné quatre échelons dans l'estime de ses semblables. Cela n'est-il pas vrai, oui ou non ?

— Arrivez au but, — dit Vendale ; — vous envisagez tout ceci comme une question d'argent. Quel est votre prix ?

— Le plus bas prix auquel vous puissiez pourvoir votre femme de tous les avantages que je viens d'énumérer et lui faire monter les quatre échelons dont il s'agit. Doublez votre revenu, Monsieur Vendale ; on ne peut vivre à moins en Angleterre avec la plus stricte économie. Vous disiez tout à l'heure que vous espériez beaucoup augmenter la valeur de votre maison. A l'œuvre ! Augmentez-la, cette valeur. Je suis bon diable, après tout ! Le jour où vous me prouverez que votre revenu est arrivé au chiffre de trois mille livres, demandez-moi la main de ma nièce : elle est à vous.

— Avez-vous fait part de cet arrangement à Mademoiselle Obenreizer ? — dit Vendale.

— Certainement, elle a encore un petit reste d'égards pour moi, Monsieur Vendale. Elle accepte mes conditions. En d'autres termes, elle se soumet aux vues de son tuteur, qui la gardera sur le chemin du bonheur avec la supériorité d'expérience qu'il a acquise dans la vie.

Puis il se jeta dans un fauteuil ; il était rentré en pleine possession de sa joyeuse humeur. Envisageant la situation, cette fois il s'en croyait bien le maître !

Une franche revendication de ses intérêts, une protestation vive et nette parut à Vendale inutile, au moins, en cet instant. Il n'en pouvait espérer rien de bon alors. Aussi se trouva-t-il muet, sans raison aucune pour s'y appuyer et pour se défendre. Ou les objections d'Obenreizer étaient le simple résultat de sa manière de voir en cette occasion, ou bien il différait le mariage dans l'espoir de le rompre avec le temps. Dans cette alternative, Vendale jugea que toute résistance serait vaine. Il n'y avait pas d'autre remède à ce grand malheur que de se rendre en mettant les meilleurs procédés de son côté.

— Je proteste contre les conditions que vous m'imposez, dit-il.

— Naturellement, — fit Obenreizer ; — j'ose dire qu'à votre place je protesterais tout comme vous.

— Et pourtant, — reprit Vendale, — j'accepte votre prix. Va pour trois mille livres. Dans ce cas, me sera-t-il permis de faire deux conditions à mon tour : d'abord j'espère qu'il me sera permis de voir votre nièce.

— Oh ! oh ! voir ma nièce, c'est-à-dire lui inspirer autant d'impatience de se marier que vous en ressentez vous-même... En supposant que je vous dise : Non, cela ne vous sera point permis ; vous chercheriez peut-être à voir Mademoiselle Marguerite sans ma permission.

— Très- résolûment.

— Admirable franchise ! voilà encore qui est délicieusement Anglais ! Vous verrez donc Mademoiselle Marguerite... à de certains jours, quand nous aurons pris rendez-vous ensemble. Votre seconde condition ?

— Votre manière de penser relativement à l'insuffisance de mon revenu m'a causé un grand étonnement, — continua Vendale, — je désire d'être assuré contre le retour de cet étonnement et... de sa cause. Vos idées actuelles sur les qualités désirables chez le mari de votre nièce peuvent encore se modifier. Vous exigez de moi aujourd'hui un revenu de trois mille livres. Puis-je être assuré que dans l'avenir, à mesure que votre expérience de l'Angleterre s'agrandira, vos désirs ne se monteront pas plus haut?

— En bon Anglais, vous doutez de ma parole.

— Etes-vous résolu à vous en fier à la mienne, quand je viendrai vous dire : J'ai doublé mon revenu? Si je ne me trompe, vous m'avez averti tout à l'heure que je devrais vous en fournir des preuves authentiques.

— Bien joué, Monsieur Vendale! Vous savez allier la vivacité étrangère avec la gravité Anglaise. Recevez mes compliments. Voulez-vous aussi accepter ma parole écrite?...

Il se leva, s'assit devant un pupitre placé sur une table, écrivit quelques lignes, et présenta le papier à Vendale avec un profond salut. L'engagement qu'il venait de prendre était parfaitement explicite, signé, daté avec soin.

— Etes-vous satisfait de cette garantie? — demanda-t-il.

— Très-satisfait.

— Je suis charmé de vous entendre me le dire. Ah! nous venons d'avoir notre petit assaut. En vérité, nous avons développé prodigieusement d'adresse des deux côtés. Mais voilà nos affaires arrangées pour le moment. Je n'ai pas de rancune, vous n'en avez pas davantage. Allons, Monsieur Vendale, une bonne poignée de mains à l'Anglaise.

Vendale tendit la main, bien qu'un peu étourdi de ce passage subit chez Obenreizer d'une humeur à une autre.

— Quand puis-je espérer de revoir Mademoiselle Obenreizer? — demanda-t-il en se levant pour se retirer.

— Faites-moi l'honneur de me rendre visite demain même, — dit Obenreizer, — et nous réglerons cela ensemble. Et prenez donc un grog avant de partir. Non?... bien... bien... nous réserverons le grog pour le jour où vous aurez vos trois mille livres de revenu, et serez près d'être marié... Ah! quand cela sera-t-il?

— J'ai fait il y a quelques mois un inventaire de ma maison. Si les espérances que cet inventaire me donne se réalisent, j'aurai doublé mon revenu...

— Et vous serez marié? — interrompit Obenreizer...

— Et je serai marié dans un an. Bonsoir!

VENDALE SE DÉCIDE.

Lorsque Vendale entra dans son bureau le lendemain matin, il était dans des dispositions toutes nouvelles. Le jeune homme ne trouvait plus insipide sa routine commerciale du Carrefour des Eclоppés :

Marguerite, désormais, était intéressée dans la maison. Tout le mouvement qu'y avait produit la mort de Wilding, — son associé ayant alors dû procéder à une estimation exacte de la valeur de l'association, — la balance des registres, le compte des dettes, l'inventaire de l année, tout cela se transformait à présent aux yeux de Vendale en une sorte de machine, une roulette indiquant les chances favorables ou défavorables à son mariage. Après avoir examiné les résultats que lui présentait son teneur de livres et vérifié les additions et les soustractions faites par ses commis, Vendale tourna son attention vers le département du prochain inventaire, et il envoya aux caves un messager qui demandait un rapport.

Joey Laddle apparut bientôt. Il passa la tête par la porte entre-bâillée du cabinet ; cet empressement donnait à penser que cette matinée avait dû voir quelque événement extraordinaire. Il y avait un commencement de vivacité dans les mouvements du garçon de cave ; et quelque chose même, qui ressemblait à de la gaieté, se lisait sur son visage.

— Qu'y a-t-il? — demanda Vendale surpris, — quelque mauvaise nouvelle?

— Je désirerais vous faire observer, mon jeune Monsieur Vendale, que je ne me suis jamais érigé en prophète...

— Qui prétend cela? — fit Vendaie.

— Aucun prophète, si j'ai bien compris ce que j'ai entendu dire de cette profession, n'a jamais vécu sous terre, — continua Joey. — Aucun prophète n'a jamais pris le vin du matin au soir par les pores, pendant vingt ans. Lorsque j'ai dit à Monsieur Wilding, mon pauvre jeune défunt maître, qu'en changeant le nom de la maison, il en avait changé la chance, me suis-je alors posé en prophète?... Non... Et pourtant tout ce que j'ai dit est-il arrivé?... Oui... Du temps de Pebbleson Neveu, Monsieur Vendale, on ne sut jamais ce que c'était qu'une erreur commise dans une lettre de consignation... Eh bien, maintenant, en voici une. Je vous prie seulement de remarquer qu'elle est antérieure à la venue de Mademoiselle Marguerite dans cette maison; donc, il n'en faut point conclure que j'ai eu tort d'annoncer que les chansons de la jolie demoiselle devaient nous ramener la chance... — Lisez ceci, monsieur.. Lisez, — reprit-il en indiquant du doigt un passage du rapport. — C'est une chose étrangère à mon tempérament que de décrier la maison que je sers. Mais, en vérité, Monsieur George, un devoir impérieux me commande de vous éclairer en ce moment. Lisez

Vendale lut ce qui suit : —

NOTE CONCERNANT LE CHAMPAGNE SUISSE.

Une irrégularité a été découverte dans la dernière consignation reçue de la maison Defresnier et Cie.

Vendale s'arrêta et consulta son mémorandum.

— Cette affaire date du temps de Wilding, — dit-il.

— La récolte avait été bonne; il l'avait prise tout entière Le Champagne Suisse a été une bonne opération, n'est-ce pas, Joey?

— Je ne dis pas qu'elle ait été mauvaise. Le vin aurait pu devenir malade dans les celliers de nos clients; il aurait pu se gâter entre leurs mains. Mais je ne dis pas que dans les nôtres l'affaire ait été mauvaise. Lisez, monsieur.

Vendale reprit sa lecture.

Nous trouvons que le nombre des caisses est conforme à la mention qui est faite sur nos livres. Mais six de ces caisses, qui présentent, d'ailleurs, une légère différence dans la marque, ont été ouvertes et contiennent du vin rouge au lieu de Champagne. Nous supposons que la similitude des marques (malgré les légères différences dont il est question plus haut) auront causé l'erreur commise à Neufchâtel. Cette erreur ne s'étend pas à plus de six caisses.

— Est-ce tout? — demanda Vendale en jetant la npte loin de lui.

Les yeux de Joey Laddle suivirent tristement le papier qui roulait sur le parquet.

— Je suis bien aise de vous voir prendre cela si peu à cœur, monsieur, — dit-il. — Quoi qu'il arrive, ce sera toujours un soulagement pour vous de penser que vous n'en avez pas été attristé. Souvent une erreur mène à une autre. Un homme laisse tomber par mégarde un petit morceau d'écorce d'orange sur le pavé; un autre homme marche dessus; voilà de la besogne pour l'hôpital et un estropié pour la vie. Je suis aise de voir que vous preniez si légèrement ce que je viens de vous apprendre. Au temps de Pebblesson et Co., nous n'eussions pas eu de trêve jusqu'à la découverte de la chose. Loin de moi la pensée de décrier la maison, jeune Monsieur Vendale. Je vous souhaite de vous trouver toujours bien de cette manière d'agir. Et je vous dis cela sans offense, monsieur, sans offense...

En même temps, Joey ouvrit la porte tout en jetant autour de lui un regard de mauvais augure avant de franchir le seuil.

— Eh! — fit-il, — je suis mélancolique et stupide, c'est vrai ; mais je suis un vieux serviteur de Pebblesson Neveu, et je désire que vous vous trouviez bien de ces six caisses de vin rouge qui vous ont été données pour d'autre vin... je le désire...

Demeuré seul, Vendale se prit à rire.

— Je ferai aussi bien d'écrire de suite, de peur de l'oublier.

Il écrivit en ces termes : —

« Chers Messieurs,

Nous sommes en devoir de faire notre inventaire. Nous avons remarqué une erreur dans la dernière consignation de Champagne expédiée par votre maison à la nôtre. Six de nos caisses contenaient du vin rouge, que nous vous renvoyons. La chose peut aisément se réparer par l'envoi que vous nous ferez de six caisses de Champagne que vous nous renverrez, — si vous le pouvez, — sinon vous nous créditerez de la valeur de ces caisses sur la somme de cinq cents livres, récemment payées à vous par notre maison.

» Vos dévoués serviteurs,

» Wilding et Co. »

Cette lettre expédiée, ce sujet s'effaça rapidement de l'esprit de Vendale. Il avait à penser à d'autres choses plus intéressantes sans doute. Le même jour, il fit à Obenreizer la visite que celui-ci attendait. Il fut entendu que plusieurs soirées seraient réservées chaque semaine à ses entrevues avec Marguerite, toujours en présence d'un tiers. Sur ce point Obenreizer insista poliment, mais avec un entêtement inflexible. La seule concession qu'il fit à Vendale fut de lui laisser le choix de cette tierce personne, et, confiant dans l'expérience acquise, le jeune homme choisit sans hésitation l'excellente femme qui raccommodait les bas d'Obenreizer en dormant. En apprenant la responsabilité qui allait peser sur elle, Madame Dor se montra fort agitée. Elle attendit que les gens d'Obenreizer l'eussent quittée et regarda Vendale avec un clignement sournois de ses grosses paupières, et puis on se sépara.

Le temps passait. Les heureuses soirées auprès de Marguerite s'écoulaient trop rapidement. Dix jours après qu'il avait écrit à la maison de Suisse, Vendale, un matin, trouva la réponse sur son pupitre avec les autres lettres apportées par le courrier.

« Chers Messieurs,

» Nous vous présentons nos excuses pour la petite erreur dont
» vous vous plaignez. En même temps nous regrettons d'ajouter que
» les recherches dont cette erreur a été la cause nous ont amenés
» à une découverte inattendue, car c'est une affaire des plus graves
» pour vous et pour nous.

» N'ayant plus de Champagne de la dernière récolte, nous primes
» des arrangements pour créditer votre maison de la valeur des dix

» caisses que vous savez. Alors, et pour obéir à certaines formes » que nous avons l'habitude d'observer, nous nous sommes ren- » seignés aussi bien sur les livres de notre banquier que sur les » nôtres, et nous avons été surpris d'acquérir la certitude qu'aucun » payement en argent de la nature de celui dont vous nous parlez » ne peut être arrivé en notre maison. Nous sommes également » persuadés qu'aucun versement à notre compte n'a été fait à la » Banque.

» Il n'est pas nécessaire, au point où en sont les choses, de vous » fatiguer par des détails inutiles. Cet argent aura sans doute été » volé dans le trajet qu'il a dû parcourir pour arriver de vos mains » dans les nôtres. Certaines particularités relatives à la façon dont » la fraude a été commise, nous amènent à penser que le voleur » peut avoir espéré se mettre en mesure de payer à nos banquiers » la somme soustraite avant qu'on ne découvrît la soustraction en » relevant les comptes de fin d'année. Ce relevé ne doit être fait » que dans trois mois. Sans la circonstance actuelle, nous eussions » pu ignorer jusqu'au bout le vol dont vous êtes les victimes.

» Nous vous faisons part de ce dernier détail, qui vous démon- » trera que nous n'avons pas affaire à un voleur ordinaire, et nous » espérons que vous voudrez bien nous aider dans les recherches » que nous allons commencer, en examinant tout d'abord le reçu » qui doit vous être arrivé comme émanant de notre maison et qui ne peut être qu'un faux. Ayez la bonté de vous assurer, en pre- » mier lieu, si la facture est entièrement manuscrite ou si elle est » imprimée et numérotée. Dans ce dernier cas, on n'aurait eu à ins- » crire que le montant de la somme. Ce détail, futile en apparence, » est, croyez-le, très important.

Nous attendons votre réponse avec la plus grande impatience, » et demeurons avec estime et considération vos serviteurs,

» DEFRESNIER ET Cie. »

Vendale posa la lettre sur le bureau et attendit quelques instants pour donner à son esprit le temps de se remettre du coup qui venait de le frapper. Au moment où il était pour lui d'une si précieuse importance de voir augmenter le produit de sa maison, il perdait cinq cents livres. Ce fut à Marguerite qu'il pensa, tout en prenant une clef qui ouvrait une chambre de fer pratiquée dans la muraille, où les livres et les papiers de l'association étaient conservés. Il était encore là, cherchant ce reçu maudit, lorsqu'il tressaillit au son d'une voix qui lui parlait.

— Je vous demande pardon... J'ai peur de vous avoir dérangé.

C'était la voix d'Obenreizer.

— Je suis passé chez vous, — reprit le Suisse, — pour savoir si je ne peux vous être utile à quelque chose. Des affaires personnelles m'obligent à me rendre pour quelques jours à Manchester et à Liverpool. Voulez-vous qu'en même temps je m'y occupe des vôtres? Je suis entièrement à votre disposition, et ... je puis être le voyageur de la maison Wilding et Co....

— Excusez-moi pour quelques minutes, — dit Vendale, — nous causerons tout à l'heure.

En disant cela, il continuait à fouiller les papiers et à examiner les registres.

— Vous êtes arrivé à propos, — dit-il, — les offres de l'amitié me sont plus précieuses en ce moment que jamais, car j'ai reçu ce matin de mauvaises nouvelles de Neufchâtel.

— De mauvaises nouvelles! — s'écria Obenreizer.

— De Defresnier et Cie.

— De Defresnier?...

— Oui, une somme d'argent que nous leur avons envoyée a été volée. Je suis menacé d'une perte de cinq cents livres.

— Qu'est-ce que cela? — dit Obenreizer.

Mais en rentrant dans le bureau, Vendale aperçut son buvard qui venait de tomber par terre, et Obenreizer à genoux qui en ramassait le contenu.

— Combien je suis maladroit, — s'écria le Suisse. — Cette nouvelle que vous m'avez annoncée m'a tellement surpris qu'en reculant...

Il s'intéressait si vivement à la réunion des différents papiers tombés du buvard qu'il n'acheva point sa phrase.

— Ne prenez pas tant de peine, — dit Vendale, — un commis fera cette besogne.

— Mauvaise nouvelle! — répéta Obenreizer, qui continuait à ramasser les enveloppes et les lettres, — mauvaise nouvelle!

— Si vous lisiez la missive que je viens de recevoir, — continua Vendale, — vous verriez que j'ai bien raison de m'alarmer. Tenez! elle est là, ouverte sur mon pupitre.

Quant à lui, il continua ses recherches; une minute après, il trouvait le faux reçu. C'était bien le modèle imprimé et numéroté qu'indiquait la maison Suisse. Vendale prit note du numéro et de la date. Après avoir classé le reçu et fermé la chambre de fer, il eut le loisir de remarquer Obenreizer qui lisait la lettre de Defresnier, à l'autre bout de la chambre, dans l'enfoncement de la croisée.

— Venez donc auprès du feu. Vous grelottez de froid là-bas, je vais sonner pour qu'on apporte du charbon.

Obenreizer revint lentement au pupitre.

— Marguerite sera aussi désolée de cette nouvelle

que moi-même. — dit-il d'un ton amical ; — qu'avez-vous l'intention de faire ?

— Je suis à la discrétion de Defresnier et Cie, — répondit Vendale. — Dans l'ignorance absolue des circonstances qui ont accompagné le vol, je ne puis que faire ce qu'ils me recommandent. Le reçu que je tenais à l'instant est numéroté et imprimé. Ils paraissent attacher à ce détail une importance particulière. Pourquoi ?... Vous qui avez dû acquérir une certaine connaissance de leurs affaires, tandis que vous étiez dans leur maison, pouvez-vous me le dire ?

Obenreizer réfléchit.

— Si j'examinais le reçu ? — dit-il.

— Bon ! — s'écria Vendale, frappé par le changement qui venait de s'opérer sur sa physionomie. — Vous sentez-vous incommodé ? Encore une fois, approchez-vous donc du feu. Vous avez l'air d'être transi... Oh ! j'espère que vous n'allez pas tomber malade.

— Je ne sais, — dit Obenreizer. — Peut-être ai-je pris froid. Votre climat Anglais aurait bien fait d'épargner l'un de ses admirateurs... Mais, faites-moi voir le reçu.

Tandis que Vendale rouvrait la chambre de fer, Obenreizer prit une chaise et s'assit ; il étendit ses deux mains au-dessus de la flamme.

— Ce reçu ! — s'écria-t-il encore avec une vivacité extraordinaire, lorsque Vendale reparut, tenant un papier à la main.

Le portier, au même instant, entrait avec une provision de charbon de terre ; son maître lui recommanda de faire un bon feu. L'homme obéit avec un empressement funeste. Il fit quelques pas en avant, et tandis qu'il enlevait le seau plein de charbon, il se prit un pied dans un pli de tapis. Il trébucha, tout le contenu du seau tomba dans la grille, la flamme en fut étouffée tout net et un énorme flot de fumée jaunâtre remplit la chambre.

— Imbécile ! — murmura Obenreizer en lançant sur le malheureux portier un regard, dont, après tant d'années, celui-ci se souvient encore.

— Voulez-vous venir dans le bureau des commis ? — demanda Vendale. — Il y a un poêle.

— Ce n'est pas la peine.

Et il tendait la main. Et sa main tremblait.

Vendale lui donna le reçu. L'intérêt qu'Obenreizer paraissait prendre à cette affaire sembla s'éteindre aussi subitement que le feu même, dès qu'il fut le maître de ce papier. Il ne fit qu'y jeter un coup d'œil.

— Non, — dit-il, — je n'y comprends rien. Désolé de ne pouvoir vous éclairer.

— J'écrirai donc à Neufchâtel par le courrier de ce soir, — dit Vendale, en mettant le reçu de côté pour la seconde fois, — il nous faut attendre et voir ce qui arrivera.

— Par le courrier de ce soir, — répéta Obenreizer. — Voyons ! vous aurez la réponse dans huit ou neuf jours. Je serai de retour auparavant. Si je puis vous être utile comme voyageur de commerce, vous me le ferez savoir. En ce cas, vous m'enverriez des instructions écrites. Mes meilleurs remerciements... Je suis très-curieux de connaître la réponse de Defresnier.

Qui sait? Ce n'est peut-être qu'une erreur. Courage, mon cher ami, courage.

Il n'avait point du tout l'air pressé quand il était arrivé dans la maison, et maintenant il saisissait son chapeau en toute hâte, il prit congé de l'air d'un homme qui n'a pas un instant à perdre.

Vendale se mit à marcher en réfléchissant dans les chambres.

Sa première impression sur Obenreizer s'était bien modifiée durant ce nouvel entretien, et il se demandait s'il n'avait point commis la faute de le juger trop sévèrement et trop vite. C'est qu'en vérité la surprise et les regrets du Suisse, en apprenant la fâcheuse nouvelle que la maison Wilding et Co. venait de recevoir, avaient un grand caractère de franchise. On voyait bien que ces regrets étaient honnêtement sentis, et l'expression qu'Obenreizer leur avait donnée était bien loin de la simple et banale politesse d'usage. Ayant lui-même à lutter contre des soucis personnels, souffrant peut-être des premières atteintes d'un mal grave, il n'en avait pas moins eu dans cette circonstance l'air et le ton d'un homme qui déplore du fond du cœur ce qui arrive de mal à son ami. Jusque-là, Vendale avait en vain essayé souvent de concevoir une opinion plus favorable du tuteur de Marguerite, et cela pour l'amour de Marguerite même. Mais après les témoignages d'intérêt qu'Obenreizer venait de lui donner, il n'hésitait plus à penser qu'il avait été injuste envers lui; tous les généreux instincts de sa nature lui disaient qu'il s'était arrêté trop vite à de certains indices fâcheux.

— Qui sait ? — se disait-il, — je peux très-bien avoir mal lu sur la physionomie de cet homme.

Le temps s'écoula de nouveau. Les heureuses soirées passées avec Marguerite s'enfuyaient plus promptes. Le dixième jour était encore une fois arrivé depuis l'envoi de la seconde lettre de Vendale à Neufchâtel. La réponse vint.

« CHER MONSIEUR,

» Notre principal associé, M. Defresnier, a été forcé de se rendre » à Milan pour des affaires très-urgentes. En son absence et avec » son entière participation et son aveu, je vous écris de nouveau » relativement à ces cinq cents livres disparues.

» Votre déclaration que le faux reçu a été fait sur un modèle » imprimé et numéroté nous a causé une surprise et un chagrin inexprimables. A l'époque où cette fraude a été commise, il n'existait que trois clefs ouvrant le coffre-fort où nos modèles sont renfermés. Mon associé avait une de ces clefs, j'en avais une autre, la troisième était aux mains d'une personne qui occupait alors chez nous un poste de confiance; nous aurions plutôt songé à nous accuser nous-mêmes qu'à élever aucun soupçon » contre cette personne. Et cependant...

» Je ne puis aller jusqu'à vous dire pour le moment qui est cette personne; je ne vous le dirai point tant que je verrai l'ombre » d'une chance pour elle de se tirer avec honneur de l'enquête que » nous allons commencer. Pardonnez-moi cette réserve, car le » motif en est louable.

» Le genre d'investigations que nous allons poursuivre est fort » simple. Nous ferons comparer notre reçu par des experts avec » quelques spécimens d'écriture que nous avons en notre posses» sion. Je ne puis vous adresser ces spécimens pour de certaines » raisons que vous approuverez certainement lorsqu'elles vous se» ront connues. Je vous prie donc de m'envoyer le reçu à Neuf» châtel; et je fais suivre cette prière de quelques mots indispensa» bles pour vous mettre sur vos gardes.

» Si la personne sur laquelle nous faisons à regret planer nos soupçons est réellement celle qui a commis le faux, nous avons

« quelque motif de craindre que de certaines circonstances ne lui « aient déjà donné l'éveil. La seule preuve contre cette personne « est le reçu qui est dans vos mains; elle remuera ciel et terre pour « l'obtenir de vous et le détruire. Je vous prie donc instamment « de ne pas confier cette pièce à la poste. Envoyez-la-moi sans « perdre de temps par un messager particulier et ne choisissez ce « messager que parmi les gens qui sont depuis longtemps à votre « service. Il faut aussi que ce soit un homme accoutumé aux voya- « ges, parlant bien le Français, un homme courageux, et un hon- « nête homme. Vous devez le connaître assez bien pour ne pas « craindre qu'il se laisse aller en route à aucun étranger cherchant « à lier connaissance avec lui. Ne dites qu'à lui, à lui seul la na- « ture de cette affaire et la tournure qu'elle va prendre. Je vous « engage à suivre l'interprétation *littérale* de tous ces avis que je « vous donne, convaincu que l'arrivée à bon port du faux reçu en « dépend.

« Je n'ai plus à ajouter qu'une chose. C'est que votre prompti- « tude à agir est de la plus haute importance. Il nous manque « plusieurs de nos modèles de reçus et nous ne pouvons prévoir « quelles fraudes seront commises, si nous ne mettons la main sur « le voleur!

« Votre dévoué serviteur,

Pour Defresnier et Cie,

« ROLLAND. »

Quel était donc celui qu'on soupçonnait?

Vendale pensa qu'il chercherait inutilement à le deviner. Mais qui pouvait-il bien envoyer à Neufchâtel avec le reçu? Certes il n'était pas difficile de trouver au Carrefour des Ecloppés un homme courageux et honnête. Mais où était l'homme accoutumé aux voyages, parlant le Français, et sur qui l'on pourrait réellement compter pour tenir à distance tout étranger qui voudrait lier connaissance avec lui pendant la route? Vendale n'avait réellement qu'un seul compagnon sous la main, qui réunit toutes les conditions dans sa personne. C'était lui-même.

Un grand sacrifice sans doute que de quitter sa maison, un plus grand sacrifice encore que de quitter Marguerite. Mais après tout, il s'agissait de cinq cents livres et Rolland insistait si positivement sur l'*interprétation littérale* des démarches par lui conseillées, qu'il ne fallait point hésiter à lui obéir. Plus Vendale réfléchissait, plus la nécessité de son départ lui apparaissait clairement.

— Partons!... — soupira-t-il.

Comme il remettait le reçu et la nouvelle lettre sous clef, certaine association d'idée lui vint qui lui rappela Obenreizer. Il pensa qu'avec l'aide de celui-ci, il lui deviendrait bien plus facile de deviner quel pouvait être le voleur; Obenreizer pouvait le lui faire connaître.

Cette pensée avait à peine traversé son esprit que la porte s'ouvrit et qu'Obenreizer entra.

— On m'a dit dans Soho Square qu'on attendait votre retour dans la soirée d'hier, — lui dit Vendale en lui souhaitant la bienvenue. — Avez-vous fait de bonnes affaires en province?... Etes-vous mieux portant?

— Mille grâces, — répondit Obenreizer, — j'ai fait admirablement mes affaires. — Je suis bien!... très-bien!... Et maintenant, quelles nouvelles? Avez-vous des lettres de Suisse?

— Une lettre bien extraordinaire, — dit Vendale. — L'affaire a pris une tournure nouvelle, et l'on me recommande de Neufchâtel le plus profond secret sur les mesures que nous allons adopter. Ce secret doit être gardé vis-à-vis de tout le monde.

— Sans en excepter personne ? — demanda Obenreizer.

Et tout en répétant : « Personne, » il se retira d'un air pensif du côté de la croisée, à l'autre bout de la chambre, regarda pendant un moment dans la rue ; puis tout à coup, revenant à Vendale.

— Sûrement, ils ont perdu la mémoire, — dit-il, — puisqu'ils ne font pas même une exception en ma faveur.

— C'est Rolland qui m'écrit, — répliqua Vendale, — comme vous le dites, il doit avoir perdu la mémoire. Ce côté de l'affaire m'échappait complétement. Je souhaitais de vous voir et de vous consulter au moment même où vous êtes entré. Je suis pourtant lié par une défense formelle, mais je ne puis croire qu'elle vous concerne. Tout cela est bien fâcheux.

Les yeux d'Obenreizer, couverts de leur nuage, se fixèrent sur Vendale.

— Peut-être est-ce bien plus que fâcheux, — dit-il. — Je suis venu ce matin, non-seulement pour avoir des nouvelles, mais pour m'offrir à vous comme intermédiaire ou comme messager. Le croirez-vous ? J'ai reçu des lettres qui m'obligent à me rendre en Suisse sans tarder. J'aurais pu me charger des pièces et documents de cette affaire et les remettre à Defresnier.

— Vous êtes bien l'homme qu'il me fallait, — fit

Vendale. — Il n'y a pas cinq minutes que cherchant autour de moi et ne trouvant personne qui pût me remplacer dans le voyage, j'avais résolu de l'entreprendre moi-même... Laissez-moi relire cette lettre.

Il ouvrit la chambre de fer pour y reprendre la lettre. Obenreizer jeta un coup d'œil rapide autour de lui pour bien s'assurer qu'ils étaient seuls, le suivit à deux pas de distance, et sembla le mesurer du regard. Vraiment, Vendale était plus grand que lui et sans doute plus fort. Obenreizer recula et s'approcha de la cheminée.

Vendale pendant ce temps, lisait pour la troisième fois le dernier paragraphe de la lettre. Il y avait là un avis très-clair et la dernière phrase demandait au jeune négociant de suivre cet avis à la lettre.

D'un côté une grosse somme d'argent en jeu, de l'autre un terrible soupçon à éclaircir. Vendale comprit que s'il agissait à sa guise et si quelque événement arrivait ensuite et déjouait toutes les mesures prises, la faute lui en serait imputée, le blâme retomberait sur lui seul. En sa qualité d'homme d'affaires, il n'avait vraiment qu'un parti à suivre. Il remit la lettre sous clef.

— Quel ennui ! — dit-il à Obenreizer. — Il y a sans doute ici de la part de Rolland un oubli inconcevable et qui me met dans une sotte et fausse position vis-à-vis de vous. Que dois-je faire ? Il me semble qu'ayant un si grand intérêt dans cette fâcheuse aventure dont j'ignore tous les détails, je n'ai pas la liberté de ne pas obéir aux injonctions de mon correspondant et que je dois au contraire m'y conformer sans résistance. Vous me comprendrez certainement. Vous me voyez esclave des ordres que je reçois, et je ne peux assez vous dire combien j'aurais été heureux, en cette occasion, d'accepter vos services...

— N'en parlons plus, — dit Obenreizer. — A votre place, je n'agirais pas différemment. Je ne suis donc point du tout offensé de votre conduite, et je vous remercie pour le compliment que vous me faites.. Bah ! nous serons au moins compagnons de voyage. Vous partez avec moi aujourd'hui même.

— Aujourd'hui. Mais il faut, cela va sans dire, que je voie Marguerite.

— Assurément. Voyez-la ce soir. Vous me prendrez au passage et nous nous rendrons ensemble au chemin de fer. Nous partirons à huit heures par le train poste.

— Par le train poste, — dit Vendale.

Il était plus tard que Vendale ne le croyait, lorsqu'il arriva à la maison de Soho Square. Les affaires suscitées par ce départ précipité avaient surgi devant lui par douzaines. Toutes sortes d'obligations qu'il ne pouvait négliger le forcèrent de se résigner à cette cruelle perte d'un temps si court et si précieux qu'il voulait consacrer à Marguerite. A sa grande surprise et à son extrême joie, elle était seule dans le salon lorsqu'il entra.

— Nous n'avons que peu d'instants à nous, George — dit-elle, — mais grâce à la bonté de Madame Dor nous pouvons au moins les passer tous deux ser ensemble.

Elle lui jeta les bras autour du cou.

— George, — lui dit-elle tout bas, — avez-vous fait quelque chose qui ait pu blesser Monsieur Obenreizer?

— Moi! — s'écria Vendale stupéfait.

— Taisez-vous, — dit-elle, — il faut que je vous parle bien bas. Rappelez-vous le petit portrait photographié que vous m'avez donné? Cette après-midi, je ne sais comment il le trouva sur la cheminée. Il le prit, le regarda, et moi, je voyais son visage dans ce miroir... Ah! je suis sûre que vous l'avez offensé. Il est vindicatif, implacable, et aussi muet qu'une tombe. Ne partez pas avec lui... George... ne partez pas!

— Mon cher amour, — répondit Vendale, — vous vous laissez égarer par votre imagination. Jamais Obenreizer et moi n'avons été meilleurs amis qu'à présent.

Avant que Marguerite n'eût pu répondre, un pas sonore et le poids d'un corps majestueux firent trembler le parquet de la pièce voisine, et Madame Dor apparut.

— Obenreizer, — dit-elle.

Puis elle se laissa tomber lourdement sur une chaise, à sa place ordinaire, devant le poêle.

Obenreizer entra avec un sac de courrier qu'il portait en bandoulière.

— Êtes-vous prêt? — demanda-t-il à Vendale. — Puis-je porter quelque chose pour vous?... Eh quoi! n'avez-vous point un sac de voyage? Je viens d'en acheter un. Regardez. Ici est la poche aux papiers. Elle est à votre service.

— Je vous remercie, — dit Vendale, — je n'ai qu'un seul papier important, je suis forcé de ne pas m'en dessaisir et il est là, il doit rester là, jusqu'à ce que nous arrivions à Neufchâtel.

Vendale, en même temps, touchait la poche de son habit. Il sentit la main de Marguerite qui pressait la sienne. La jeune fille examinait Obenreizer jusqu'au fond de l'âme. Mais déjà celui-ci s'était retourné vers Madame Dor, et prenait congé de la bonne dame.

— Adieu, ma chère Marguerite, — s'écria-t-il en revenant vers sa pupille pâle et épouvantée. — Allons, Vendale, êtes-vous prêt, enfin? En route! En route! mon ami, pour Neufchâtel!

Il frappa légèrement Vendale à la poitrine, à la place où était la poche qui contenait le reçu et sortit le premier.

Le dernier regard de Vendale fut pour Marguerite.

Les derniers mots de la jeune fille furent ceux-ci : —

— Ne partez pas!

TROISIÈME ACTE.

DANS LA VALLÉE.

On était alors au milieu du mois de Février, l'hiver était des plus rigoureux et les chemins mauvais pour les voyageurs, si mauvais qu'en arrivant à Strasbourg, Vendale et Obenreizer trouvèrent les meilleurs hôtels absolument vides. Les quelques personnes qu'ils avaient rencontrées en route et qui se rendaient pour affaires dans l'intérieur de la Suisse renonçaient à leur voyage et revenaient sur leurs pas.

Les chemins de fer qui conduisent aujourd'hui les touristes dans ce beau pays étaient encore en ce temps-là pour la plupart inachevés. Les lignes exploitées, semées d'ornières profondes, étaient impraticables, et partout l'hiver avait interrompu les communications. Partout on n'entendait qu'histoires de voyageurs arrêtés en chemin par des accidents dont on exagérait la gravité, sans doute. Cependant, comme la voie de Bâle restait libre, la résolution de Vendale de poursuivre sa route n'en fut nullement troublée.

Quant à la résolution d'Obenreizer, elle fut la même que celle de Vendale.

Il se voyait aux abois, désespéré, perdu, il lui fallait à tout prix anéantir la preuve que Vendale portait avec lui, dût-il pour cela anéantir Vendale lui-même!

Menacé d'une ruine certaine, enfermé dans un cercle que l'activité de Vendale resserrait d'heure en heure autour de lui, Obenreizer haïssait son compagnon avec la férocité d'une bête fauve. De tout temps il avait nourri de mauvaises pensées contre le jeune négociant. Etait-ce la sourde rancune du paysan contre le gentleman? Etait-ce le contraste de sa nature avec cette nature franche et généreuse? Etait-ce la beauté de Vendale? Etait-ce le bonheur qu'il avait eu de se faire aimer de Marguerite? Etaient-ce toutes ces causes réunies ensemble? Il le haïssait, il l'avait haï dès qu'il l'avait vu. A présent, il le regardait comme celui qui le conduisait à sa perte. Et cette pensée redoublait la fureur de sa haine.

Vendale, au contraire, qui, si souvent, avait lutté contre lui-même pour se défendre de cette instinctive et vague méfiance qu'Obenreizer lui avait inspirée si longtemps, se regardait à présent comme obligé d'effacer de son esprit jusqu'à la trace de ce sentiment involontaire. Il se disait qu'Obenreizer était le tuteur de Marguerite, qu'il vivait avec lui désormais dans les termes d'une amitié véritable, que c'était lui qui, de son plein gré, avait voulu être son compagnon de route sans avoir aucun motif intéressé à partager les fatigues et les dangers d'un tel voyage...

A toutes ces raisons, qui plaidaient si fortement

en faveur d'Obenreizer, le hasard vint en ajouter une autre, lorsqu'ils arrivèrent à Bâle, après un trajet deux fois plus long que de coutume.

Ils avaient fini de dîner fort tard, et ils étaient seuls dans une chambre d'auberge. Le Rhin coulait au pied de la maison, profond, rapide, bruyant, grossi par les neiges. Vendale était nonchalamment étendu sur un canapé. Obenreizer marchait de long en large, s'arrêtait par moment devant la fenêtre, regardait, dans les eaux noires, le reflet tortueux des feux de la ville et peut-être se disait-il : —

— Si je pouvais l'y jeter !

Puis il reprenait sa promenade à travers la chambre, les yeux baissés.

— Où le volerai-je, si je le peux ?... Où le tuerai-je, s'il le faut ?...

Et le fleuve roulait, roulait, semblant répéter ces paroles comme un refrain de mort, dont le bruit devint si distinct aux oreilles du Suisse qu'il s'arrêta brusquement encore une fois, pensant qu'il ferait mieux de se parler à lui-même de toute autre chose.

— Où le volerai-je, si je le peux ?... Où le tuerai-je, s'il le faut ?...

Obenreizer changea tout à coup de refrain.

— Le Rhin mugit ce soir, — dit-il en songeant, — comme la vieille cascade de chez nous. Je vous ai déjà parlé de cette cascade que ma mère montrait aux voyageurs. Le bruit en changeait selon le temps qu'il faisait, ainsi que celui de toutes les chutes d'eau et de toutes les eaux courantes. Lorsque je devins apprenti chez l'horloger, ce murmure, je me le rappelle, me poursuivait encore et semblait me dire : « Qui es-tu, petit malheureux ? Pauvre petit infortuné, qui es-tu ? » D'autres fois, lorsque le bruit devenait plus sourd et annonçait un orage près d'éclater, je croyais entendre ces mots : « Boum ! boum ! battez-le ! battez le ! » C'est ce que criait ma mère quand elle se mettait en colère contre moi... si tant est qu'elle fût ma mère !...

— Si tant est... — répliqua Vendale, qui changea brusquement de posture, — si tant est qu'elle fût votre mère !... Pourquoi dites-vous cela ?

— Que sais-je ? — répéta Obenreizer avec un geste d'indifférence ; — que puis-je vous dire ?... ma naissance est si obscure. Par exemple, j'étais encore très-jeune, un petit enfant, que tout le reste de ma famille, hommes et femmes, étaient presque vieux. Tout est donc possible à croire...

— Avez-vous jamais douté ?...

— Je vous ai déjà dit, une fois, que je doutais de mon père et de ma mère, — répliqua le Suisse. — Mais enfin, je suis de ce monde, n'est-il pas vrai ? Je fais partie de la création, et si je ne suis point issu d'une bonne famille, qu'importe !

— En vérité, êtes-vous bien Suisse ? — lui demanda Vendale, qui ne le quittait plus des yeux.

— Et comment le saurais-je ? — fit Obenreizer, en s'arrêtant brusquement.

Il jeta par-dessus l'épaule un regard indéfinissable à son compagnon.

— Si l'on vous demandait : Êtes-vous Anglais ?

Comment pourriez-vous répondre ?... Comment le savez-vous ?

— Par ce qui m'a été dit depuis mon enfance.

— Oh ! de cette façon, je suis aussi éclairé sur moi que vous-même.

— Et puis, — ajouta Vendale, suivant sa pensée, — par mes premiers souvenirs.

— Moi aussi ; j'en sais donc autant sur Obenreizer que vous en savez sur Vendale... si cela s'appelle savoir.

— Vous n'êtes donc pas content de ce que vous savez, et tout cela ne vous suffit point ?

— Il faut bien que cela me suffise et que je sois content. Quand on a dit : il faut, on a tout dit sur notre petite terre. Deux mots bien courts mais plus forts que tous les raisonnements et que toutes les phrases !

— Vous êtes né dans la même année que ce pauvre Wilding, vous étiez du même âge, — dit Vendale, en le regardant encore d'un air pensif, tandis qu'Obenreizer recommençait à marcher dans l'appartement.

— Oui, du même âge.

Obenreizer était-il donc celui que Wilding avait cherché ? Dans cette théorie sur l'étroitesse du monde, qui revenait sans cesse sur ses lèvres, n'y avait-il pas un sens plus subtil qu'il n'en avait l'air ?

Cette lettre de Suisse qui le recommandait à la maison Wilding et Co., n'avait-elle suivi de si près la révélation de Madame Goldstraw que parce que l'enfant, victime de l'erreur et de l'injustice, allait paraître ?

Que de profondeurs dans cette vie qui restaient insondables ! Quoi de plus curieux aussi que le hasard ou l'enchaînement de sentiments et de devoirs qui avait établi entre Obenreizer et Vendale une cordialité croissante de rapports, une intimité assez grande pour les amener là, tous deux par cette nuit d'hiver, s'acheminant ensemble au même lieu, au même but.

Les pensées de Vendale, éveillées sur cet objet, se perdaient dans l'espace, tandis que ses yeux suivaient toujours Obenreizer qui ne cessait point sa promenade. Et le fleuve roulait, roulait, et poursuivait sa psalmodie funèbre.

— Où le volerai-je, si je le puis?... Où le tuerai-je, s'il le faut?..

Le secret de Wilding ne courait aucun danger sur les lèvres de Vendale. Mais celui-ci songeait que c'était sous le poids même de ce secret que Wilding était mort; il sentait, lui aussi, le poids redoutable dont il avait hérité. Et cependant le fardeau lui semblait maintenant un peu moins lourd, et l'obligation de suivre la trace cherchée, quelqu'obscure qu'elle fût, moins pénible. Quoi ! ne serait-il pas bien heureux qu'Obenreizer fût le véritable Walter Wilding.

Eh non ! Bien qu'à force de raisonnements et de combats, il eût à peu près vaincu la défiance que lui inspirait cet homme, il ne pouvait souhaiter de le voir prendre la place de l'ami qui n'était plus. Un tel associé à lui, qui était si franc, si simple, si dénué d'artifice !... Et puis, voudrait-il qu'Obenreizer devînt riche ?... Non. Obenreizer avait assez de pouvoir déjà sur Marguerite sans que la richesse vînt l'augmenter encore. Voudrait-il que cet homme fût le tuteur de Marguerite, alors qu'il lui serait prouvé qu'il n'était point son parent? Non!... non!...

Et cependant ses propres répugnances, ses propres désirs ne devaient point prévaloir et se placer entre lui et la fidélité qu'il devait à un mort.

Aussitôt, comme pour se bien prouver à lui-même que ces pensées, qu'il regardait comme mauvaises, ne le retiendraient point et que ces impressions passagères ne sauraient même le refroidir dans l'accomplissement d'un devoir sacré, il se mit à réfléchir au moyen d'éclaircir ses doutes au plus vite. Il suivit, d'un regard plus ouvert et plus doux, les mouvements de son compagnon dans la chambre. Ne le croyait-il pas alors occupé à méditer tristement sur sa naissance?

Qui lui aurait dit qu'Obenreizer songeait alors à un autre homme, que cet autre c'était lui, et qu'il songeait à l'assassiner?

La route de Bâle à Neufchâtel n'était point en aussi mauvais état qu'on l'avait dit dans la ville. Les dernières gelées l'avaient un peu rétablie. Des guides étaient arrivés ce soir-là sur des chevaux et sur des mules et n'avaient point parlé de difficultés trop grandes à surmonter. Beaucoup de patience, et l'on pouvait arriver à grand renfort de roues et de coups de fouet. Vendale eut bientôt conclu le marché. Une voiture devait, le lendemain, venir prendre les voyageurs qui partiraient avant le jour.

— Fermez-vous votre porte au verrou, la nuit, quand vous voyagez? — demanda Obenreizer, avant de gagner sa chambre.

— Jamais, — dit le jeune homme en riant. — J'ai le sommeil trop dur.

— Vous avez le sommeil dur, — répéta Obenreizer en le regardant avec admiration. — Voilà un bienfait du ciel.

— Ce n'en serait pas un pour le reste de la maison s'il fallait que demain matin on m'éveillât à grands coups frappés dans la porte.

— Moi aussi, je laisse ma porte ouverte, mais je veux vous donner un bon conseil, en ma qualité de Suisse qui connaît son pays ; quand vous voyagerez chez nous, mettez toujours vos papiers... et votre argent naturellement... sous votre oreiller.

— Vous faites là un singulier éloge de vos compatriotes.

— Mes compatriotes! — fit Obenreizer en lui pressant doucement les coudes, — ils sont semblables à la majorité des hommes... Et la majorité des hommes ne manque jamais de prendre à autrui ce qu'elle peut lui prendre. Adieu. Demain à quatre heures.

— A quatre heures, bonsoir!

Resté seul, Vendale rapprocha les bûches, les couvrit de la cendre blanche du bois de sapin répandue dans le foyer, et s'assit, la tête dans ses mains, pour rassembler ses pensées. Mais elles continuaient à courir dans l'espace et le grondement du fleuve les agitait encore. Tandis que le jeune homme essayait de réfléchir, la disposition au sommeil, qui le gagnait auparavant, le quitta. Il lui parut qu'il ferait bien de ne pas se coucher encore, et il demeura près du feu.

Marguerite, Wilding, Obenreizer, passaient devant

ses yeux, avec mille visions, mille espérances nouvelles.

Tous ces rêves prirent possession de son esprit et il ne sentit plus le besoin du repos. Le sommeil s'éloignait de lui. Sa bougie se consuma, la lumière s'éteignit, mais la lueur du feu suffisait à éclairer la chambre. Vendale changea de posture, appuya son bras sur le dos de sa chaise, son menton sur sa main, et demeura là, méditant toujours.

Il était assis entre le lit et le foyer. La flamme vacillait, agitée par le vent du fleuve, et l'ombre du jeune homme démesurément agrandie se jouait auprès du lit sur la muraille blanche. Cette ombre, à l'air affligé, semblait se pencher sur la couchette dans une attitude suppliante. Cependant Vendale se sentit tout ému. Une vision désobligeante traversa la chambre, il crut voir là-bas, non plus son ombre, mais celle de Wilding qui s'agitait. Aussi changea-t-il de place, l'ombre disparut, et la muraille s'évanouit. Le jeune homme avait fait reculer sa chaise dans un petit renfoncement près de la cheminée; la porte se trouvait devant lui. Cette porte se trouvait munie d'un grand et long loquet de fer.

Tout à coup, il vit ce loquet se soulever doucement, la porte s'entr'ouvrir et se refermer comme d'elle-même, et comme si ce n'était que le vent qui l'eût fait mouvoir. Cependant le loquet demeurait hors de l'anneau. La porte se rouvrit lentement, jusqu'à ce que l'ouverture fût assez grande pour donner passage à un homme, après quoi le battant demeura immobile comme si une main vigoureuse le retenait à l'extérieur, Une forme humaine apparut le visage tourné vers le lit. L'homme se tint debout sur le seuil, puis, à voix basse, et faisant un pas en avant :

— Vendale! — dit-il.

— Qu'y a-t-il donc? — s'écria Vendale, qui se trouva debout. — Qui est là?

C'était Obenreizer. Il laissa échapper un cri de surprise, en voyant le jeune homme venir à lui du côté de la cheminée.

— Vous n'êtes pas au lit? — fit-il.

Et malgré lui il fit tomber lourdement ses deux mains sur les épaules de Vendale, comme s'il songeait encore à entrer en lutte avec lui.

— Alors c'est qu'il y a quelque malheur.

— Que voulez-vous dire? — fit Vendale en se dégageant vivement.

— D'abord, n'êtes-vous point malade?

— Malade?... non.

— Je venais de faire un mauvais rêve à propos de vous. Comment se fait-il que je vous trouve debout et habillé?

— Mon cher ami, je pourrais aussi bien vous faire la même question, — répondit Vendale

— Je vous ai dit que je venais de faire un mauvais rêve dont vous étiez l'objet. J'ai essayé, après cet assaut, de m'endormir. Impossible. Je n'ai pu me résoudre à demeurer dans ma chambre sans m'être assuré qu'il ne vous était rien arrivé, et pourtant je ne voulais pas, non plus, entrer dans votre chambre Pendant quelques instants, j'ai hésité devant la porte. J'avais peur de vos railleries. C'est chose si facile que derire d'un rêve que l'on n'a point fait... Où est votre bougie?

— Consumée.

J'en ai une tout entière dans ma chambre. Faut-il aller la chercher?

— Mais oui, je le veux bien.

La chambre d'Obenreizer était voisine de celle de Vendale. Il ne s'absenta qu'un moment, et revint avec la bougie à la main. Son premier soin fut de se mettre à genoux devant l'âtre et de souffler de tous ses poumons sur les charbons presque éteints. Vendale, qui le regardait, vit que ses lèvres étaient blêmes.

— Oui, — dit Obenreizer en se relevant, — c'était un mauvais rêve. Vous devez voir sur mon visage l'impression qu'il m'a laissée.

Ses pieds étaient nus, sa chemise de flanelle ouverte sur sa poitrine, ses manches relevées jusqu'au coude. Il n'avait d'autre vêtement qu'un caleçon trop juste pour lui. Son corps, serré dans cette gaîne, avait un air de souplesse sauvage. Si ses lèvres étaient pâles, ses yeux brillaient d'un feu étrange.

— S'il y avait eu ici quelque lutte à soutenir avec un voleur, ainsi que me le disait mon rêve, — fit-il, — vous voyez que j'étais tout prêt.

— Et même armé, — dit Vendale, en lui indiquant du doigt sa ceinture.

— Un poignard de voyage que j'emporte toujours en route avec moi, — répliqua le Suisse d'un air insouciant en tirant à moitié le poignard de son fourreau. — Est-ce que vous n'avez pas aussi sur vous de quoi vous défendre?

— Rien du tout.

— Pas de pistolets? — demanda Obenreizer en jetant un regard sur la table, et de là vers le lit, sur l'oreiller.

— Pas de pistolets.

— Vous autres Anglais, vous êtes si confiants!... Désirez-vous dormir?

— Je l'aurais bien désiré, et depuis longtemps, mais je n'ai pu.

— Je ne le pourrais, non plus, après ce maudit rêve. Mon feu s'est consumé comme votre bougie. Puis-je venir m'installer auprès du vôtre? Deux heures! Il sera si vite quatre heures que ce n'est pas la peine de se mettre au lit.

— Pour moi, — dit Vendale, — je ne me coucherai pas. Faites-moi compagnie et soyez le bienvenu.

Après être retourné dans sa chambre pour s'y vêtir, Obenreizer reparut enveloppé dans une sorte de caban, et chaussé de pantoufles. Les deux jeunes gens prirent place, de chaque côté du foyer. Vendale avait ravivé le feu. Obenreizer mit sur sa table une bouteille et un verre.

— J'ai bien peur que ce ne soit d'abominable eau-de-vie de cabaret, — dit-il en versant dans le verre; — je l'ai achetée sur la route, et certes, elle n'a rien de commun avec le cognac du Carrefour des Écloppés. Mais votre provision est épuisée. Tant pis! Une froide nuit, un pays froid, une froide maison! L'eau-de-vie fait du bien et ranime. Enfin, celle-ci vaut peut-être mieux que rien. Goûtez-la.

Vendale prit le verre et obéit.

— Comment la trouvez-vous? — dit Obenreizer.

— Un arrière-goût âcre et brutal, — dit-il, en rendant le verre et en frissonnant. — Elle ne me plaît pas.

— Vous avez raison, — fit Obenreizer, ayant l'air de la goûter à son tour et faisant claquer ses lèvres. — Quel arrière-goût! Brrr... Elle brûle pourtant.

Il venait, en effet, de jeter au feu ce qui restait dans le verre.

Les deux compagnons mirent leurs coudes sur la table, leurs têtes dans leurs mains, et, ainsi placés, regardèrent la flamme. Obenreizer était pensif et calme; mais Vendale, après plusieurs tressaillements et soubresauts nerveux, se dressa tout à coup sur ses pieds, regarda autour de lui d'un air égaré, et retomba sur sa chaise, en proie à une étrange confusion de rêves.

Il avait enfermé ses papiers dans un portefeuille et le tenait dans la poche de poitrine de son habit qu'il avait boutonné jusqu'au menton. Pourquoi, dans cette sorte de léthargie où il était plongé, la pensée de ces papiers le tourmentait-elle? « Sors de ton rêve, » lui disait une voix intérieure. Il ne le pouvait. Ce rêve l'avait transporté dans les stepppes de la Russie, et il s'y voyait avec Marguerite; mais en même temps, la sensation d'une main qui se promenait sur sa poitrine, et qui effleurait les contours du portefeuille, cette sensation insupportable se présenait nette et claire à son esprit engourdi. Son rêve le conduisit en pleine mer, dans un bateau qui n'avait pas de pont. Il n'avait pour tout vêtement qu'un vieux lambeau de voile, ayant perdu ses habits. Point d'habits. Et pourtant si, il en avait un, car la main, la main furtive et rapide, en sondait toutes les poches. La même voix intérieure avertissait Vendale de s'arracher à sa torpeur. Impossible en ce moment. Son rêve le changea de lieu encore une fois. Il se vit dans la vieille cave du Carrefour des Ecloppés. Le lit, ce même lit qui meublait la chambre de l'auberge de Bâle, avait été transporté dans cette cave où Wilding lui apparut. Wilding, ce pauvre ami, n'était point mort, et Vendale ne s'en trouvait pas surpris. Wilding le secouait par le bras et lui disait : « Regardez cet homme ! Ne voyez-vous pas qu'il s'est levé et qu'il s'approche du lit pour retourner l'oreiller ? Pourquoi retourne t-il cet oreiller, si ce n'est pour y chercher les papiers que vous portez dans votre poche ? Éveillez-vous. » Et pourtant Vendale dormait toujours et se perdait dans de nouveaux rêves.

Attentif et calme, le coude toujours appuyé sur la table, son compagnon lui dit : —

— Éveillez-vous, Vendale. On nous appelle. Il est quatre heures.

Vendale, en ouvrant les yeux, aperçut le visage nuageux d'Obenreizer penché sur le sien.

— Vous avez eu un sommeil bien lourd, — dit le Suisse, — c'est la fatigue du voyage et le froid.

— Je suis tout à fait éveillé maintenant, — s'écria Vendale en sautant sur ses pieds; mais il sentit que ses jambes fléchissaient. — Et vous, n'avez-vous pas du tout dormi ?

— Je me suis assoupi peut-être; cependant il me

semble que je n'ai point cessé de regarder le feu. Allons! bon gré, mal gré, il faut nous lever, déjeuner, et partir. Quatre heures, Vendale, quatre heures passées!

Ces derniers mots, Obenreizer les lui cria de toute sa force pour achever de l'éveiller, car Vendale retombait déjà dans sa somnolence invincible. Tout en faisant les préparatifs de cette journée de voyage, tout en déjeunant, il semblait dormir encore. A la fin de ce jour, il n'avait point d'autres impressions de voyage que celles d'un froid rigoureux, du tintement des grelots des chevaux qui glissaient entre de maussades collines et des bois déserts. Çà et là, quelques stations où l'on s'arrêtait pour manger ou boire; on entrait dans ces maisons borgnes; on traversait d'abord l'étable pour arriver à la salle destinée aux voyageurs; Vendale se laissait conduire machinalement, il ne se souvenait de rien, sinon d'avoir vu Obenreizer toujours pensif à ses côtés.

Lorsqu'enfin il secoua cette léthargie insupportable, Obenreizer n'était plus là. La voiture s'était arrêtée devant une nouvelle auberge, auprès d'une file de haquets chargés de tonneaux de vin et traînés par des chevaux harnachés de colliers bleus. Ce convoi semblait venir du point où se rendaient nos voyageurs. Obenreizer, non plus pensif, mais, tout au contraire, joyeux et alerte, causait avec les voituriers. Vendale s'étira longuement, son sang tout à coup circula mieux; le reste de son engourdissement se dissipa après quelques pas qu'il fit au grand air, sous cette bise fortifiante... Pendant ce temps-là, la file des haquets se mit en marche. Les voituriers saluaient Obenreizer en passant.

— Quelles sont ces gens? — demanda Vendale.

— Ce sont nos voituriers; ceux de Defresnier et Cie. Ce sont nos fûts! c'est notre vin!

Il se mit à fredonner une chanson et alluma un cigare.

— J'ai été pour vous une triste société aujourd'hui, — fit Vendale, — je ne m'explique point ce qui m'est arrivé.

— Vous n'avez pas dormi la nuit dernière, — fit Obenreizer, — et sous un tel froid, quand on a été privé de sommeil, le cerveau se congestionne aisément. J'ai souvent été témoin de ce phénomène... En somme, je crois que nous aurons fait ce voyage pour rien.

— Comment, pour rien?

— Les gens que nous allons chercher sont à Milan. Vous savez que nous avons deux maisons, l'une de vins, à Neufchâtel, l'autre à Milan, pour le commerce des soieries. Eh bien, la soie étant, en ce moment, bien plus demandée que les vins, Defresnier a été mandé en Italie. Rolland, son associé, est tombé malade depuis son départ, et les médecins ne lui permettent de recevoir aucune visite. Vous trouverez à Neufchâtel une lettre qui vous attend pour vous apprendre tout ceci. Je tiens ces détails de notre principal voiturier avec qui vous m'avez vu causer. Il a été surpris de vous voir, et m'a dit qu'il avait mission de vous avertir, s'il vous rencontrait. Que voulez-vous faire? Retournons-nous sur nos pas?

— Point du tout, nous continuons notre route.

— Nous continuons...

— Mais oui, à travers les Alpes jusqu'à Milan.

Obenreizer cessa de fumer pour regarder Vendale, il regarda les pierres du chemin à ses pieds.

— J'ai la responsabilité d'une chose très-sérieuse, — dit-il. — Plusieurs de ces modèles de quittances imprimées ont été soustraits dans la caisse de Defresnier et Cie., ils peuvent servir à un terrible usage. On me supplie de ne point perdre de temps pour aider la maison à s'assurer du voleur ; rien ne me ferait revenir en arrière.

— Vrai ? — s'écria Obenreizer, ôtant son cigare de sa bouche pour y dessiner plus aisément un sourire, et, tendant la main à son compagnon : — Eh bien ! rien ne me fera retourner en arrière, moi non plus. Allons ! guide, dépêchons !

Ils voyagèrent de nuit. Il était tombé beaucoup de neige ; elle était en partie glacée ; ils n'allaient guère plus vite que des piétons. C'étaient sans cesse de nouvelles stations pour laisser reposer les chevaux épuisés qui se débattaient dans la neige ou dans la boue. Une heure après le lever du jour, on faisait halte à la porte d'une auberge de Neufchâtel, ayant mis vingt-huit heures à parcourir quatre-vingt milles Anglais environ.

Dès qu'ils se furent lavés et restaurés quelque peu, nos deux voyageurs se rendirent ensemble à la maison de Defresnier et Cie. Là, ils trouvèrent la lettre annoncée par le voiturier, renfermant les modèles d'écriture qui devaient servir à faire reconnaître le faussaire. La détermination de Vendale de pousser en avant sans se reposer était déjà prise. La seule difficulté, maintenant, était de savoir par quel passage on pourrait traverser les Alpes.

Il y en a deux, l'un par le Simplon, l'autre par le St. Gothard ; et sur l'un et l'autre, les guides et les conducteurs de mules émettaient des avis bien différents. Les deux passages se trouvent à une trop grande distance pour que l'on pût penser à les essayer successivement ; il fallait choisir. Les voyageurs, au reste, savaient bien que la neige qui tombait, pouvait, en quelques heures, changer toutes les conditions actuelles du voyage, encore que les guides n'eussent point commis d'erreur à ce sujet. Au demeurant, le Simplon paraissait être celle des deux routes qui inspirait le plus de confiance ; Vendale se décida donc pour le Simplon. Obenreizer n'avait pris que peu de part à la querelle, il n'avait presque point parlé.

On traversa Genève, Lausanne ; on suivit les bords du Léman, puis les vallées tortueuses entre les pics, et toute la vallée du Rhône. Le bruit des roues de la voiture, pendant la nuit, ressemblait à celui d'une grande horloge indiquant les heures. Aucune altération nouvelle du temps ne vint déranger cette marche pénible ; il faisait un froid cruel. La chaîne des Alpes se reflétait dans un ciel jaunâtre ; les cimes étaient éblouissantes, et la neige, couvrant les hautes montagnes et les collines au bord des lacs et des torrents, ternissait par contraste la pureté des eaux. Les villages sortant de cette vapeur blanche, prenaient une mine sale et décolorée. Cependant la neige ne tombait plus, il n'y en avait pas sur la route. Les deux jeunes gens, traversant ce froid brouillard, cheminaient, les habits et les cheveux couverts de glaçons. Et sans cesse, jour et nuit, la voiture roulait.

L'un d'eux croyait entendre le bruit des roues qui lui disait, à peu près comme naguère, à Bâle, le murmure du Rhin : —

— Le temps de le voler vivant est passé, il faut que je le tue !

Ils arrivèrent enfin à la pauvre petite ville de Brieg, au pied du Simplon. La nuit était venue, et cependant ils pouvaient encore voir combien l'œuvre de l'homme et l'homme lui-même sont petits en présence de ces grandes horreurs et de ces grandes beautés des montagnes. Là, il fallut passer la nuit; ils y trouvèrent au moins un bon feu, un dîner, du vin, et les disputes avec les guides recommencèrent. Aucune créature humaine n'avait franchi la passe depuis quatre jours : la neige était trop molle pour porter les voitures, elle n'était pas assez dure pour le traîneau. En outre, le ciel était gonflé, et cette neige maudite n'étant point tombée depuis quelque temps, on savait bien qu'il fallait à la fin qu'elle tombât. Dans ces circonstances, le voyage ne pouvait être entrepris qu'à dos de mulets ou à pied ; mais il fallait alors payer les guides comme en cas de danger, et cela également s'ils réussissaient à mener le voyageur au bout du passage, ou, si, chemin faisant ils jugeaient que le péril était trop grand et qu'il fallait revenir en arrière.

Cette fois encore, Obenreizer ne prit aucune part à la discussion. Il fumait silencieusement au coin du feu, jusqu'à ce qu'enfin Vendale eût congédié les disputeurs et lui demandât son avis.

— Bah! — répondit-il, — je suis fatigué de ces pauvres diables et de leurs services. Toujours les mêmes histoires. Ils ne font point leur commerce aujourd'hui différemment qu'ils ne le faisaient quand j'étais petit garçon. Quel besoin avons-nous d'eux, je vous le demande?... Que chacun de nous prenne un sac et un bâton de montagne, et au diable les guides! Nous les guiderions vraiment bien plutôt qu'ils ne nous guideraient. Nous laisserons ici notre portemanteau, et nous passerons là-haut tout seuls N'avons-nous pas déjà voyagé dans les montagnes ensemble? J'y suis né et je connais cette passe .. Une passe!... cela fait pitié; c'est une grande route qu'on devrait dire!... Ah! je la connais bien. Laissons ces pauvres gens essayer leurs finesses commerciales sur d'autres que nous. Vous voyez bien qu'ils nous suscitent des retards pour gagner leur argent. Ils n'ont pas d'autre intention.

Vendale fut charmé de pouvoir couper court à cette discussion fatigante. Actif, aventureux, brûlant d'avancer et, par conséquent, très-accessible aux suggestions d'Obenreizer, il prêta les deux mains à ce beau projet.

Deux heures après, ils avaient acheté tout ce qui leur était nécessaire pour l'expédition du lendemain, ils avaient fait leurs sacs, et ils dormaient.

Dès le point du jour, ils trouvèrent la moitié de la

ville réunie dans les petites rues étroites de Brieg pour les voir passer. De toutes parts, des groupes se formaient autour d'eux, les guides chuchotaient et levaient les yeux au ciel. Personne ne leur souhaita un bon voyage.

Au moment où ils commencèrent leur ascension, un rayon de soleil brilla dans ce ciel dont rien ne troublait la limpidité glacée, et changea le clocher de zinc de l'église en un clocher d'argent.

— C'est d'un bon présage, — dit Vendale (bien que le soleil disparût à l'instant même où il parlait). — Peut-être que notre exemple encouragera d'autres voyageurs à tenter le passage.

— Vraiment, non ! — dit Obenreizer, — nul ne nous suivra.

Il regarda le ciel au-dessus de sa tête, la vallée à ses pieds.

— Nous serons bien seuls, — dit-il, — seuls... plus loin... là-bas !...

SUR LA MONTAGNE.

La route était assez belle pour de vigoureux marcheurs; et à mesure que Vendale et Obenreizer montaient, ils trouvaient l'air plus léger et la respiration leur devenait plus facile. Mais le ciel présentait de toutes parts un aspect morne et effrayant : la nature semblait avoir suspendu son activité; les oreilles et les yeux des voyageurs étaient également troublés par la menace et l'attente d'un changement prochain dans l'état de l'atmosphère et de la montagne; les indices avant-coureurs de la tempête se rapprochaient, et un lourd silence s'étendait sur toutes choses, à mesure que les nuages amoncelés, ou que le nuage, — car le ciel entier ne faisait plus qu'un nuage, — devenait plus sombre.

Bien que le jour en fût obscurci, la perspective n'était pas absolument effacée. Dans la vallée du Rhône, que nos voyageurs laissaient derrière eux, le fleuve courait à travers mille détours; cette belle eau limpide leur montrait alors une teinte plombée d'une tristesse navrante. Au loin, bien haut au-dessus de la route, ils apercevaient les glaciers et les avalanches suspendues au-dessus des passages qu'ils allaient franchir. Sur la route s'ouvraient des précipices sans fond et mugissaient des torrents; de tous côtés s'élevaient les pics gigantesques, et ce paysage immense que n'égayaient point les jeux de la lumière, où pas un rayon de soleil ne glissait, se déroulait distinctement devant les yeux des deux jeunes gens dans toute sa sublime horreur.

Le courage de deux hommes, seuls et sans défense, pourrait certainement faiblir un peu, s'ils avaient à se frayer une route pendant plusieurs milles et plusieurs heures au milieu d'une légion d'ennemis, silencieux et immobiles...; des hommes comme eux les regardaient d'un œil fixe, le front menaçant, la peur ne doit-elle pas les gagner d'une atteinte bien plus vive, si cette légion se compose des géants de la nature, si ce front sinistre est celui des pics et des montagnes, dont les menaces vont bientôt se changer en une redoutable fureur ?

Ils montaient. La route était plus âpre et plus escarpée ; mais la gaieté de Vendale devenait plus franche, à mesure qu'il voyait le chemin se dérouler derrière lui ; il regardait cet espace conquis et s'applaudissait de la résolution qu'il avait prise. Obenreizer continuait à parler fort peu ; il songeait au but poursuivi ! Tous deux agiles, patients, déterminés, avaient bien les qualités nécessaires à une expédition si aventureuse. Si Obenreizer, le montagnard, voyait dans le temps quelque présage de mort, il se gardait bien d'en faire part à son compagnon.

— Aurons-nous traversé la passe ce soir ?... — demanda Vendale.

— Non, — répliqua Obenreizer, — vous voyez combien la neige est plus épaisse ici qu'elle ne l'était plus bas. Plus nous monterons, plus nous la trouverons compacte et profonde .. Et puis les jours sont encore si courts ! Si nous pouvons arriver à la hauteur du cinquième Refuge et coucher cette nuit à l'Hospice, c'est que nous aurons bien marché.

— Est-ce qu'il n'y a point de danger que la tempête s'élève dans la nuit ? — demanda Vendale, un peu ému.

— Nous sommes environnés de beaucoup de dangers, — dit Obenreizer avec un air de prudente réserve, — n'avez-vous pas entendu parler du Pont de Ganther ?

— Je l'ai traversé une fois.

— En été ?

— Oui, dans la saison des voyages.

— Ah! dans la présente saison, c'est bien différent -dit Obenreizer avec un ricanement étrange. — Nous ne sommes pas dans un moment de l'année où vous autres gentlemen, qui voyagez pour votre agrément, vous puissiez en trouver autant que d'habitude. Vous ne connaissez pas grand'chose à ce que vous voyez.

— Vous êtes mon guide, — répliqua Vendale avec bonne humeur, — je me fie à vous.

— Oui, je suis votre guide, — dit Obenreizer, d'un air sombre, — et je veux vous guider au but de votre voyage. Tenez, voici le pont devant nous.

Ils avaient, tout en causant, fait le tour d'une ravine immense et désolée. La neige roulait en flots épais sous leurs pieds, la neige était suspendue au-dessus de leurs têtes. Obenreizer s'arrêta pour montrer le pont à Vendale, qu'il observait en même temps avec une terrible expression de haine.

— Si je vous avais fait passer en avant, — lui dit-il, — si j'avais négligé de vous avertir, et si vous aviez poussé seulement une exclamation de surprise, un seul cri, vous auriez ébranlé les masses de neige qui auraient pu vous blesser en tombant, qui vous auraient enseveli peut-être...

— Cela est vrai ? — dit Vendale.

— Oh!.., très-vrai... mais je suis votre guide et je dois veiller sur vous. Passons en silence. Une imprudence nous coûterait la vie. En avant !

Il y avait là une prodigieuse agglomération de neige; d'énormes fantômes blancs se balançaient au-dessus du pont, les rochers formaient des saillies effrayantes, et nos voyageurs se frayaient le passage comme à travers les lourdes nuées d'un ciel d'orage. Obenreizer se servait de son bâton avec une adresse extrême, sondant le terrain à mesure qu'il avançait, regardant sans cesse en l'air, et le dos tendu comme s'il se garait de la seule idée d'une avalanche. Il marchait avec une grande lenteur, Vendale le suivait de près, et ils avaient déjà parcouru la moitié de ce chemin périlleux, quand ils éprouvèrent une secousse violente aussitôt suivie d'un coup de tonnerre.

Obenreizer se retourna, mit la main sur la bouche de Vendale, et lui montra le sentier qu'ils venaient de traverser. Il n'y en avait plus de trace. L'avalanche avait tout recouvert et roulait vers le torrent, au fond de l'abîme.

Leur apparition à l'Auberge isolée, située non loin de ce lieu redoutable, arracha des exclamations de surprise aux gens de la maison.

— Bon ! — s'écria Obenreizer, — nous ne sommes ici que pour nous reposer.

Il secouait en même temps devant le feu ses habits.

— Monsieur que voici a des raisons puissantes pour traverser la passe au plus vite. Dites-le-leur donc, Vendale, dites-le-leur vous-même.

— En effet, j'ai un motif des plus pressants, — fit Vendale. — Il faut que je traverse la passe.

— Vous entendez, vous tous. Mon ami a un motif des plus pressants, et nous n'avons besoin ni d'avis ni de secours. Je suis aussi bon guide qu'aucun de vous, messieurs mes compatriotes. Cela dit, donnez-nous à boire et à manger.

Ce fut de la même façon et dans les mêmes termes que, le soir, après qu'ayant lutté avec les difficultés croissantes du chemin, ils furent arrivés à leur destination pour la nuit, Obenreizer s'adressa aux gens de l'Hospice, qui se pressaient autour d'eux devant le foyer, tandis qu'ils ôtaient leurs chaussures humides.

— Il est très-bien de se parler les uns aux autres franchement comme des amis, — dit-il. — Monsieur a un motif très-pressant de traverser le passage.

— Le plus pressant motif, — répéta Vendale en souriant.

— Et il faut qu'il le traverse ! — reprit Obenreizer — Nous n'avons besoin ni d'avis ni de secours. Je suis un enfant des montagnes, et un bon guide : ne vous tourmentez pas plus longtemps à ce sujet. Donnez-nous à souper, du vin, et des lits.

Pendant le froid terrible de cette nuit qui commençait, la même tranquillité sinistre régna dans le désert des montagnes et au ciel. Au point du jour, pas une lueur de soleil pour rougir ou dorer la neige. Partout la même blancheur infinie et mortelle, le même silence sans borne, la même redoutable tristesse.

— Voyageurs ! — cria, au travers de la porte, une voix sympathique.

Dès qu'ils furent sur pied, le sac au dos, le bâton en main, celui qui les avait éveillés leur adressa encore la parole.

— Voyageurs, souvenez-vous ! il y a cinq abris sur la route dangereuse qui va s'ouvrir devant vous, cinq refuges et une croix de bois noir indiquant le chemin de l'hospice voisin. Ne vous écartez pas, et si la tourmente vient, abritez-vous.

— Voilà l'industrie de ces pauvres diables qui fait encore des siennes, — dit Obenreizer à son ami, répondant d'un geste dédaigneux au charitable donneur d'avis. — Comme ils se cramponnent à leur métier!... Vous autres, Anglais, vous soutenez que nous autres Suisses, nous sommes une nation mercantile. En vérité, vous avez bien l'air d'avoir raison.

Ils avaient partagé entre les deux sacs les provisions qu'ils avaient pu se procurer. Obenreizer portait le vin, Vendale le pain, la viande, le fromage, et le flacon d'eau-de-vie.

Ils s'évertuaient depuis quelque temps à grimper à travers les roches et leur blanc linceul, où ils enfonçaient jusqu'aux genoux ; ils conservaient cette marche pénible au milieu de la plus effrayante partie de ce lugubre désert, lorsque la neige commença de tomber. Tout d'abord ce ne fut que de légers flocons qui tombaient doucement et sans relâche ; puis elle s'épaissit et les tourbillons commencèrent.

Le vent s'éleva glacial, avec des mugissements prolongés. La route se poursuivait à travers de sombres galeries de rochers. Devant les voyageurs s'ouvrait une grotte profonde soutenue par des arcs immenses. Ils y arrivèrent avec peine, la tempête, au même instant, éclata dans sa furie.

Le bruit du vent, celui du torrent, le tonnerre des

avalanches et des blocs brisés par l'orage, les voix formidables qui s'élevaient dans toutes les gorges de cette chaîne tout entière ébranlée, l'obscurité plus profonde que celle de la nuit, le sifflement de la neige qui battait l'ouverture et les parois de la grotte, et qui aveuglait les deux jeunes gens, ce déchaînement de la nature succédant au calme effrayant de la veille, tout cela était bien fait pour glacer le sang de Vendale. Obenreizer, qui marchait de long en large dans la grotte, lui fit signe de l'aider à déboucler son sac. Ils pouvaient encore se voir l'un l'autre, mais ils n'auraient pu s'entendre. Vendale obéit au désir de son ami.

Obenreizer prit la bouteille de vin et remplit le verre. Il fit encore signe à Vendale de boire pour se réchauffer. Il fit semblant de boire après lui. Tous deux, ils marchèrent ensuite côte à côte, sachant bien qu'avec ce froid redoutable rester en repos était un danger, et que s'endormir, ce serait la mort.

La neige s'abattait avec une force croissante dans la galerie par l'extrémité supérieure de laquelle ils devaient regagner la route, si jamais ils sortaient de leur refuge. Bientôt, elle encombra la voûte. Une heure encore, et elle allait monter assez haut pour intercepter la lumière extérieure. Heureusement, elle se glaçait à mesure qu'elle tombait; il restait l'espérance de pouvoir marcher à sa surface et grimper par-dessus cette muraille menaçante. D'ailleurs, la violence de l'orage commençait à céder dans la montagne et faisait place à une incessante ondée de neige. Le vent mugissait encore, mais seulement par intervalie, et, lorsqu'il cessait, les flocons s'épaississaient à vue d'œil.

Il y avait environ deux heures que nos voyageurs étaient captifs dans cette terrible prison. Obenreizer, tantôt grimpant, tantôt rampant, la tête baissée, le corps touchant la voûte, commença de travailler avec des efforts désespérés à se frayer un chemin au dehors. Vendale le suivait comme toujours. Chose étrange! il imitait son compagnon, sans bien savoir ce qu'il faisait. Sa raison semblait le quitter encore une fois.

La même léthargie qu'à Bâle s'emparait de lui peu à peu et maîtrisait ses sens.

Combien de temps avait-il suivi Obenreizer hors de la galerie? combien d'obstacles avait-il franchis derrière ses pas?.... Il s'éveilla tout à coup, avec la conscience qu'Obenreizer s'était étroitement attaché à lui et qu'une lutte désespérée s'engageait entre eux dans la neige. Obenreizer tirait de sa ceinture ce poignard qui ne le quittait jamais, il frappa. La lutte s'engagea de nouveau plus désespérée, plus ardente. Vendale frappa encore une fois, repoussa son adversaire, et se retrouva bientôt face à face avec lui..... puis terrassé, gisant sur la neige.

— J'ai promis de vous conduire au but de votre voyage, — dit Obenzeirer, — j'ai tenu ma promesse. C'est ici que va finir le voyage de votre vie. Rien ne peut la prolonger. Prenez garde, vous allez glisser si vous essayez de vous lever.

— Vous êtes un misérable!... Que vous ai-je fait?

— Vous êtes un être stupide. J'ai versé un narcotique dans ce que vous venez de boire... Stupide, vous l'êtes deux fois. Je vous avais déjà versé de ce narcotique pendant le voyage pour en faire l'essai. Trois fois stupide, car je suis le voleur, le faussaire que vous cherchez, et dans quelques instants, je m'emparerai sur votre cadavre de ces preuves avec lesquelles vous aviez promis de me perdre.

Vendale essaya de secouer sa torpeur, mais le funeste effet n'en était que trop sûr. Tandis que son meurtrier lui parlait, il se demandait s'il était vrai qu'il fût blessé, si c'était à lui qu'était ce sang coulant sur la neige.

— Que vous ai-je fait? — murmura-t-il. — Pourquoi êtes-vous devenu ce vil assassin?

— Ce que vous m'avez fait?..... Vous m'auriez perdu si je ne vous avais empêché d'arriver au terme de votre voyage. Votre activité maudite est venue me ravir le temps sur lequel j'avais compté pour pouvoir restituer l'argent volé. Ce que vous m'avez fait?... Vous êtes venu vous placer sur ma route, non une fois, non en passant, mais toujours, mais sans trêve. N'ai-je point essayé de me débarrasser de vous autrefois?... Ah! ah! se débarrasser de vous, ce n'est pas aisé. C'est pourquoi vous allez mourir ici.

Vendale essaya de rappeler ses pensées qui le fuyaient; il voulut parler, mais en vain. Instinctivement il cherchait le bâton ferré qui s'était échappé de ses mains, il ne put le saisir. Alors, il essaya de se relever sans ce secours... En vain, en vain! Il trébucha et tomba lourdement au bord d'un abîme...

Défaillant, engourdi, un voile devant les yeux

n'entendant plus rien, il fit pourtant un si terrible effort qu'il se souleva sur ses mains. Il vit son ennemi, là, debout, au-dessus de lui, calme, sinistre, implacable.

— Vous m'appelez assassin, — dit Obenreizer, — ce nom ne me touche guère. Au moins, vous ne pouvez dire que je n'ai pas joué ma vie contre la vôtre, car je suis environné de périls et peut-être ne réussirai-je pas à me frayer un chemin à travers les précipices. La tourmente va de nouveau éclater tout à l'heure, voyez! la neige tourbillonne! Il me faut ce reçu, il me faut ces papiers tout de suite. Chaque moment qui s'écoule emporte ma vie.

— Arrêtez! — s'écria Vendale, d'une voix menaçante, et essayant encore une fois de se lever.

Le dernier éclair du feu qui s'échappait de son être se ranimait, il réussit à saisir les mains de son ennemi.

— Arrêtez! — cria-t-il. — Loin de moi, assassin!... Que Dieu vienne en aide à Marguerite!... Jamais heureusement elle ne saura comment je suis mort... Loin de moi!... Meurtrier! je veux encore une fois te regarder au visage... Ce visage infâme me fait ressouvenir d'une chose que je devais t'apprendre...

Obenreizer, épouvanté de le voir déployer tout à coup cette énergie suprême, et songeant qu'il pouvait encore retrouver en ce moment assez de force pour le vaincre, lui obéit et demeura immobile. Vendale le regardait d'un œil éteint.

— Non, ce ne sera pas, — dit-il. — Non, même en mourant, je ne trahirai point la confiance du mort... Ecoute !... des parents supposés... Est-ce que cela ne te rappelle rien ?..... L'Hospice des Enfants Trouvés... La fortune qui est à toi et dont tu n'as pas hérité... Souviens-toi... Souviens-toi...

Sa tête s'affaissa sur sa poitrine, il retomba sur le bord du gouffre.

Le voleur s'élança ; ses mains actives et enfiévrées coururent à la poitrine de sa victime. Vendale fit un effort convulsif pour jeter un dernier cri : —

— Non !

Et, se laissant glisser lui-même, il roula dans l'abîme, roula, roula, disparut comme un fantôme dans un rêve de mort.

L'orage mugit de nouveau, puis s'apaisa.

Les voix infernales de la montagne s'éteignirent, la lune brilla, la neige tombait mollement, en silence.

Deux hommes, escortés de deux chiens énormes, sortirent de l'Hospice. Ils regardaient attentivement autour d'eux, puis levaient les mains au ciel ; les chiens se jouaient dans la neige.

— Allons, — dit le premier de ces deux hommes, — nous pouvons avancer maintenant. Peut-être trouverons-nous les voyageurs dans l'un des Refuges.

Chacun d'eux attacha un panier sur son dos, prit dans sa main un bâton ferré, s'enroula autour du bras une corde terminée par un nœud coulant afin de pouvoir s'attacher ensemble, et l'on se mit en marche.

Tout à coup les chiens cessèrent leurs gambades, mirent le nez en l'air, s'agitèrent un moment, et se mirent à aboyer de toute leur voix.

Leurs maîtres s'arrêtèrent aussi ; les chiens tournaient autour d'eux. Hommes et bêtes se regardèrent avec une égale intelligence.

— Au secours, alors ! Au secours ! à la délivrance !..

Mais les deux chiens, au même instant, leur échappèrent, et bondirent avec d'autres aboiements plus profonds et plus joyeux... N'annonçaient-ils point quelque nouveau venu ?...

Les deux hommes demeurèrent frappés de stupeur, et sondant au loin la neige du regard à la clarté de la lune : -

— Quoi !... - firent-ils, — deux créatures insensées de plus ! Par ce temps qui porte la mort avec lui... deux étrangers... il y a une femme !

Les chiens tenaient chacun les plis d'une robe dans leur gueule et ils traînaient ainsi la voyageuse, qui leur caressait doucement la tête à tous deux. Elle montait à travers la neige du pas et de l'air d'une personne accoutumée aux montagnes ; mais il n'en était pas de même du gros homme qui l'accompagnait. Il était moulu et marchait en gémissant.

— Chers guides, — dit la jeune femme, — chers amis des voyageurs, je suis de votre pays. Nous cherchons deux jeunes hommes qui ont, ce matin, traversé la passe et qui auraient dû arriver le soir à l'Hospice.

— Ils y sont venus, Mademoiselle.

— Que le ciel soit loué ! — s'écria-t-elle. — Oh ! que le ciel soit béni !

— Malheureusement ils sont repartis aussitôt. Et justement nous nous mettions à leur recherche ; mais nous avons été forcés d'attendre que la tourmente soit apaisée.

— Chers guides ! — dit la jeune fille, — je vous accompagnerai. Pour l'amour de Dieu, laissez-moi vous suivre. L'un de ces deux hommes est mon mari, je l'aime tendrement !... oh ! oui tendrement... Vous le voyez ! je ne suis point abattue, je ne suis pas lasse. Oh ! je suis née paysanne et je vous montrerai que je sais m'attacher à vos cordes. Je vous fais le serment d'avoir du courage. Laissez-moi vous suivre. Si quelque malheur est arrivé à celui que je cherche, mon amour le découvrira. C'est à genoux que je vous en prie, chers amis des voyageurs. Pour l'amour que vos chères mères portaient à ceux dont vous êtes les fils, je vous supplie.

Ces bons et simples compagnons se sentirent émus.

— Après tout, — se dirent-ils à voix basse, — elle ne ment point, elle connaît les chemins de la montagne, puisqu'elle est si miraculeusement arrivée jusqu'ici... Mais, — ajoutèrent-ils, en lui montrant son compagnon, — quant à ce monsieur-là, Mademoiselle...

— Cher Joey, — dit Marguerite en Anglais, — vous resterez dans cette maison, et vous nous attendrez.

— Si je savais lequel de vous deux a ouvert cet avis — dit Joey en regardant les deux guides de travers, — je vous battrais bien pour six pence et je vous donnerais encore une demi-couronne pour payer le médecin. Non, Mademoiselle, je m'attacherai à vos pas, aussi longtemps que j'aurai la force de vous suivre, et je mourrai pour vous si je ne peux pas faire mieux...

Le prochain déclin de la lune commandait impérieusement qu'on ne perdît point de temps. Les chiens donnaient des signes d'inquiétude. Les deux guides prirent vivement un parti. Ils échangèrent pour une plus longue la corde qui les attachait ensemble et l'on forma ainsi une longue chaîne. Ils marchaient devant, puis venaient Marguerite et Joey Laddle à l'arrière-garde. On se mit en route pour les Refuges.

La distance à parcourir était courte. Entre les cinq Refuges et l'Hospice, on ne comptait guère qu'une demi-lieue. Mais les sentiers étaient couverts de neige comme d'un gigantesque linceul. La troupe, cependant, ne fit point fausse route, et l'on arriva promptement à la galerie où Vendale et Obenreizer s'étaient abrités durant l'orage. Leurs traces avaient disparu, emportées par le tourbillon et la tempête; mais les chiens, courant en tous sens, semblaient confiant dans leur admirable instinct. On s'arrêta sous la voûte que la tourmente avait frappée avec le plus de fureur, et où l'amas de neige paraissait le plus profond. Là, les chiens s'agitèrent et se mirent à tournoyer pour indiquer que l'on allait manquer le but.

Les guides, sachant que le grand abîme se trouvait à droite, inclinèrent vers la gauche; on perdit le chemin. Celui qui marchait en tête fit halte, cherchant à consulter de loin le poteau indicateur. Tout à coup l'un des chiens se mit à gratter la neige. Le guide s'avança; la pensée lui vint qu'un malheureux voyageur pouvait bien être enseveli dans ce champ de neige... Mais il vit cette neige souillée... et jeta un cri en découvrant une tache rouge.

L'autre chien regardait attentivement au bord du gouffre, raidissant ses pattes, tremblant de tous ses membres. Le premier revint sur la trace sanglante, et tous deux se mirent à courir en hurlant; puis d'un commun accord, ils s'arrêtèrent tous les deux sur la margelle du précipice en poussant des gémissements prolongés.

— Quelqu'un est couché au fond de ce gouffre, — dit Marguerite.

— Je le crois, — dit le premier guide, — tenez-vous en arrière, vous autres, et laissez-moi regarder.

L'autre guide alluma deux torches qu'il portait dans son panier. Le premier en prit une, Marguerite l'autre; ils regardaient de tous leurs yeux, abritant la torche dans leurs mains, ils la dirigeaient de tous côtés, l'élevant en l'air, puis l'abaissant brusquement. La lune, malheureusement, projetait autour d'eux une clarté qui contrariait celle des torches...

Un long cri perçant, jeté par Marguerite, interrompit le silence.

— Mon Dieu!... Voyez-vous là-bas, où se dresse cette muraille de glace... là au bord du torrent Voyez-vous?... il y a une forme humaine.

— Oui, Mademoiselle, oui...

— Là, sur cette glace... là au-dessous des chiens.

Le conducteur, avec une vive expression d'effroi, se rejeta en arrière; tous se turent... Marguerite, sans dire un mot, s'était détachée de la corde.

— Voyons les paniers, — s'écria-t-elle. — N'avez-vous que ces deux cordes seulement?

— Pas d'autres. — répondit le guide ; — mais à l'Hospice.....

— S'il est encore vivant?... Oh! je vous ai dit que c'était mon fiancé!... Il serait mort avant votre retour..... Chers guides, amis bénis des voyageurs, regardez-moi! Voyez mes mains; si elles tremblent, retenez-moi par la force.... si elles sont fermes, aidez-moi à sauver celui qui est là.

Elle noua l'une des cordes autour de sa taille et de ses bras, et s'en fit une sorte de ceinture assujettie par des nœuds. Elle souda le bout de cette première corde à la seconde, plaça les nœuds sous son pied et tira; puis elle présenta son ouvrage aux guides, pour qu'ils pussent tirer à leur tour.

— Elle est inspirée? — se disaient-ils l'un à l'autre.

— Par le Dieu tout-puissant, ayez pitié du blessé! — s'écria-t-elle, — vous savez que je suis bien plus légère que vous. Donnez-moi l'eau-de-vie et le vin, et faites-moi descendre vers lui. Quand je serai descendue, vous irez chercher du secours et une corde plus forte. Lorsque vous me la jetterez d'en haut... voyez celle que j'ai attachée autour de moi... vous êtes sûrs que je pourrai la lier solidement à son corps. Vivant ou mort, je le ramènerai ou je mourrai avec lui. Je l'aime... Que puis-je vous dire après cela?

Les deux hommes se retournèrent vers le compagnon de cette fille étrange. Joey s'était évanoui dans la neige.

— Descendez-moi vers lui, — s'écria Marguerite, en prenant deux petits bidons qu'elle avait apportés et en les assujettissant autour d'elle, — ou j'irai seule, dussé-je me briser en pièces sur les roches. Je suis une paysanne, je ne connais ni le vertige ni la crainte, et le péril n'est rien à mes yeux, car je l'aime... Descendez-moi, par pitié!

— Mademoiselle, il doit être mort ou si près de l'être...

— Expirant ou mort, je veux le voir. La tête de mon époux vivante ou inanimée reposera sur mon sein. Descendez-moi, ou je descendrai seule.

Ils obéirent enfin. Avec toutes les précautions que leur suggérèrent leur adresse et leur compassion, ils firent glisser la jeune fille du bord du gouffre.... Elle dirigeait la descente elle-même le long de la muraille de glace. Ils lâchèrent la corde plus bas, encore plus bas, jusqu'à ce que ce cri arrivât à leurs oreilles.

— Assez !...

— Est-ce réellement lui?... Est-il mort?... — crièrent-ils à leur tour, penchés sur l'abîme.

— C'est lui. Il ne m'entend point, il est insensible; mais son cœur bat encore; son cœur bat contre le mien!

— Où est-il tombé?

— Sur une pointe de glace... Hâtez-vous!... Ah! si je meurs ici, je serai satisfaite.

L'un des deux hommes s'élança suivi des chiens; l'autre planta les torches dans la neige, et s'efforça de ranimer le pauvre Joey. Quelques frictions de neige et un peu d'eau-de-vie le firent revenir à lui; mais il avait le délire et ne savait plus où il était.

Le guide, alors, revint au bord du gouffre.

— Courage! — criait-il. — On vient... Comment êtes-vous?... Comment est-il?

— Son cœur bat toujours contre le mien..... Je le réchauffe dans mes bras..... je n'ai pas peur...

La lune descendit derrière les hautes cimes, et le désert et l'abîme ne furent plus que ténèbres, et le guide jeta encore son cri d'espérance au fond du gouffre.

— Comment êtes-vous?... comment est-il?... On vient...

Et le même cri passionné monta des profondeurs du glacier où Marguerite était ensevelie avec son époux.

— Son cœur bat toujours contre le mien.

Enfin les aboiements des chiens, une lueur lointaine répandue sur la neige annoncèrent que les secours arrivaient. Vingt hommes, des lanternes, des torches, une litière, des cordes, des draps, du bois pour faire un grand feu, tout cela venait à la fois. Les chiens couraient aux hommes, s'élançaient vers le gouffre, puis revenaient priant, dans leur langage muet, qu'on fît diligence. Le cri sauveur descendit encore.

— Dieu merci tout est prêt!... Comment vous trouvez-vous?... Est-il mort?...

Le cri désespéré répondit.

— Nous enfonçons dans la glace et nous avons un froid mortel. Son cœur ne bat plus contre le mien. Ne laissez descendre personne, car le poids de nos deux corps est assez lourd. Faites seulement glisser la corde.

On alluma le feu. La clarté des torches illumina le bord de l'abîme, on y fixa les lanternes, et la corde descendit.

D'en haut on la voyait, la vaillante jeune fille, attacher la corde, de ses doigts engourdis, au corps de son fiancé.

Le cri monta au milieu d'une silence mortel.

— Tirez doucement.

Elle, on la voyait toujours au fond du gouffre tandis que, lui, il flottait déjà dans l'air.

Aucun vivat ne se fit entendre lorsqu'on le déposa dans la litière. Quelques-uns des hommes prirent soin de lui tandis que l'on faisait redescendre la corde.

Le cri monta une dernière fois au milieu du même silence de mort.

— Tirez.

Mais lorsqu'ils la saisirent, *elle*, au bord du précipice, alors ils firent retentir l'air de leurs cris de joie; ils pleuraient, ils remerciaient le ciel, ils baisaient ses pieds et sa robe; les chiens la caressaient, léchaient ses doigts glacés.

Elle s'échappa, courut vers la litière, et, se jetant sur le corps de son fiancé, posa ses deux belles mains sur ce cher cœur qui ne battait plus.

QUATRIÈME ACTE.

L'HORLOGE DE SURETÉ.

L'action se passe maintenant à Neufchâtel. C'est l'agréable mois d'Avril; l'agréable lieu où nous transportons nos lecteurs est l'étude d'un notaire; l'agréable personne que nous y trouvons, c'est le notaire lui-même, beau vieillard au teint vermeil, le premier notaire de Neufchâtel, universellement connu dans le canton, Maître Voigt. Par sa profession et ses qualités personnelles, Maître Voigt est un citoyen populaire. Les nombreux services qu'il a rendus, et ses originalités aussi nombreuses que ses services, ont fait de lui l'un des personnages les plus fameux de cette jolie ville de Suisse. Sa longue redingote brune et son bonnet noir ont pris rang parmi les institutions du pays; sa tabatière n'est pas moins renommée, et bien des gens pensent que dans l'Europe entière il n'y en a pas de plus grande.

Une autre personne est là, dans l'étude, une personne moins agréable que Maître Voigt. C'est Obenreizer.

Cette étude, quelque peu champêtre, ne rappelait en rien le solennel logis du notaire Anglais. Elle était située dans le fond d'une cour, riante et proprette, et s'ouvrait sur un joli parterre tout rempli de fleurs. Des chèvres broutaient non loin de la porte; la vache paissait si près de la maison que l'excellente bête, en avançant seulement d'une dizaine de pieds, aurait pu venir faire compagnie au clerc. Le cabinet de Maître Voigt était petit, clair, et tout verni; les murs étaient recouverts de panneaux de bois; il ressemblait à ces chambres rustiques qu'on voit dans les boîtes de jouets d'enfants; la fenêtre, suivant la saison, était ornée de roses, d'hélianthes, de roses trémières. Les abeilles de Maître Voigt bourdonnaient à travers l'étude pendant tout l'été, entrant par une fenêtre et sortant par l'autre, comme si elles eussent été tentées de faire leur miel avec le doux caractère de Maître Voigt. De temps en temps, une grande boîte à musique, placée sur la cheminée, partait en cadence sur l'ouverture de *Fra Diavolo*, ou bien chantait des morceaux de *Guillaume Tell* avec gazouillements joyeux. Survenait-il quelque client, il fallait bien arrêter le ressort; mais l'harmonieux instrument se remettait à chanter de plus belle, dès que le client était parti.

— Courage, courage, mon brave garçon, — dit Maître Voigt, en caressant les genoux d'Obenreizer d'un air paternel; — vous allez commencer une nouvelle vie, auprès de moi dans mon étude, et cela demain matin.

Obenreizer, en habit de deuil, l'air humble et soumis, mit sur son cœur une de ses mains qui tenait un mouchoir.

— Ma reconnaissance est là, Monsieur, — dit-il, — mais je ne trouve point de mots pour vous l'exprimer

— Ta, ta, ta, ne me parlez pas de reconnaissance, — dit Maître Voigt. — Je déteste de voir un homme persécuté. Je vous ai vu souffrir : je vous ai naturellement tendu la main. Oh ! je ne suis pas encor assez vieux pour ne pas me rappeler mes jeunes années. Savez-vous bien que c'est votre père qui m'a amené mon premier client. Il s'agissait de la moitié d'un acre de terre qui ne donnait jamais de raisin. Ne dois-je rien à son fils ? J'ai envers lui une dette d'amitié, je m'en acquitte envers vous... Voilà qui est assez bien dit, je pense, — ajouta Maître Voigt, enchanté de lui-même. — Permettez-moi de récompenser mes propres mérites par une prise de tabac.

Obenreizer laissa tomber son regard sur le plancher comme s'il ne se sentait pas même digne de contempler cet honnête vieillard savourant sa prise.

— Accordez-moi une dernière grâce, Monsieur, — dit-il. — N'agissez pas envers moi par impulsion généreuse. Jusqu'ici, vous n'avez connu que vaguement la situation où je me trouve. Eh bien ! écoutez les raisons qui s'élèvent pour et contre moi, avant de me prendre avec vous dans votre étude. Je veux que mon droit à votre bienveillance soit reconnu par votre bon jugement en même temps que par votre excellent cœur. Ah ! je peux lever la tête devant mes ennemis, je peux me refaire une réputation sur les ruines de celle que j'avais autrefois et qu'on m'a ravie !...

— Comme il vous plaira, — dit Maître Voigt. — Vous parlez bien, mon fils. Vous ferez quelque jour un bon avocat.

— Les détails de ma triste affaire ne sont pas bien nombreux, — poursuivit Obenreizer, — mes chagrins ont commencé après la mort par accident de mon dernier compagnon de voyage, mon pauvre et cher ami Monsieur Vendale.

— Monsieur Vendale, — répéta le notaire. — C'est bien cela. J'ai souvent entendu ce nom depuis deux mois. C'est cet infortuné Anglais qui a été tué dans le Simplon, alors que vous-même vous avez été blessé, ainsi que le témoignent les deux cicatrices que vous portez au col et à la joue.

— Blessé par mon propre couteau, — dit Obenreizer, en touchant ces marques sinistres, témoins parlants de l'horrible lutte.

— Par votre propre couteau, en essayant de sauver votre ami, — affirma le notaire. — Bien, très-bien... C'est singulier. J'ai trouvé plaisant de penser que j'ai eu autrefois un client de ce nom de Vendale.

— Le monde est si petit ! — fit Obenreizer.

Toutefois, il prit note intérieurement que Maître Voigt avait eu jadis un client de ce nom.

— Je vous disais donc, — reprit-il, — qu'après la mort de mon cher compagnon de voyage, mes chagrins avaient commencé. Je me rendis à Milan. Je suis reçu avec froideur par Defresnier et Compagnie. Peu de temps après ils me chassent. Pourquoi? On ne m'en donne aucune raison. Je demande à ces Messieurs s'ils prétendent attaquer mon honneur? Point de réponse. Où sont leurs preuves contre moi? Point de réponse encore. Ce que j'en dois penser? Cette fois on me répond! « M. Obenreizer est libre de penser ce que bon lui semble et ce qu'il pensera n'importe guères à Defresnier et Compagnie. » Et voilà tout.

— Voilà tout, — dit le notaire.

Et il prit une forte prise de tabac.

— Cela suffit-il, Monsieur?

— Non, vraiment, — fit Maître Voigt. — La maison Defresnier et Compagnie est de cette ville, très estimée, très respectée. Mais la maison Defresnier et Compagnie n'a point le droit de détruire sans raison la réputation d'un homme. Vous pourriez répondre à une accusation. Mais que répondrez-vous à des gens qui ne disent rien?

— Justement, mon cher maître. Votre équité naturelle vient de définir en un mot la cruelle situation où l'on m'a placé. Et si encore ce malheur était le seul!... Mais vous savez quelles en ont été les suites?

— Je le sais, mon pauvre garçon, — fit le notaire en remuant la tête d'un air compatissant, — votre pupille se révolte contre vous.

— Se révolte!... c'est un mot bien doux, — reprit Obenreizer. — Ma pupille s'est élevée avec horreur contre moi; elle s'est soustraite à mon autorité, et s'est réfugiée avec Madame Dor chez cet homme de loi Anglais, Monsieur Bintrey, qui répond à nos sommations de revenir et de se soumettre que jamais elle n'en fera rien.

— Et qui écrit ensuite, — continua le notaire en soulevant sa large tabatière pour chercher parmi ses papiers, — qui écrit qu'il va venir en conférer avec moi.

— Il écrit cela? — s'écria Obenreizer. — Eh bien Monsieur, n'ai-je pas des droits légaux ?

— Eh ! mon pauvre garçon, tout le monde, à l'exception des criminels, tout le monde a son droit légal.

— Qui dit que je suis criminel ? — dit Obenreizer d'un air farouche.

— Personne ne le dit. Un peu de calme dans vos chagrins, par pitié. Si la maison Defresnier donnait à entendre que vous avez commis quelque action... oh ! nous saurions alors comment nous comporter avec elle.

Tout en parlant, il avait passé la lettre fort brève de Bintrey à Obenreizer, qui l'avait lue et qui la lui rendit.

— Lorsque cet homme de loi Anglais vous annonce qu'il va venir conférer avec vous, — s'écria-t-il, — cela veut dire qu'il vient pour repousser mon autorité sur Marguerite...

— Vous le croyez ?

— J'en suis sûr, je le connais. Il est opiniâtre et chicanier. Dites-moi, Monsieur, si mon autorité est inattaquable jusqu'à la majorité de cette jeune fille ?

— Absolument inattaquable.

— Je prétends donc la garder. Je l'obligerai bien à s'y soumettre !... Mais, — reprit Obenreizer, passant de cet emportement à un grand air de douceur et de soumission, — je vous devrai encore cette satisfacsion, Monsieur, à vous qui, avec tant de confiance, avez pris sous votre protection et à votre service un homme si cruellement outragé.

— Tenez-vous l'esprit tranquille, — interrompit Maître Voigt. — Pas un mot de plus sur ce sujet, et pas de remercîments. Soyez ici demain matin, avant l'arrivée de l'autre clerc, entre sept et huit heures; vous me trouverez dans cette chambre. Je veux vous initier moi-même à votre besogne... Maintenant, allez-vous-en, allez-vous-en. J'ai des lettres à écrire; je ne veux pas entendre un mot de plus.

Congédié avec cette brusquerie amicale, et satisfait de l'impression favorable qu'il avait produite sur l'esprit du vieillard, Obenreizer put réfléchir à son aise. Alors la mémoire lui revint de certaine note qu'il avait prise mentalement durant cet entretien. Ainsi donc, Maître Voigt avait eu jadis un client dont le nom était Vendale.

— Je connais assez bien l'Angleterre à présent, — se disait-il tout en faisant courir ses pensées devant lui, assis sur un banc devant le parterre. — Ce nom de Vendale y est bien rare. Jamais je n'avais rencontré personne qui le portât avant...

Il regarda involontairement derrière lui par-dessus son épaule.

— Le monde est-il en effet si petit, que je ne puisse m'éloigner de lui, même après sa mort?... Il m'a confessé à ses derniers moments qu'il avait trahi la confiance d'un homme qui est mort comme lui... qu'il jouissait d'une fortune qui n'était pas la sienne... que je devais y songer! Et il me demandait de m'éloigner l'un pas, afin qu'il me vît mieux et que ma figure lui appelât ce souvenir!... Pourquoi ma figure?... C'est donc moi que cette confession étrange intéresse!... Oh! je suis sûr de ses paroles; elles n'ont point quitté mon oreille... Et si je les rapproche de ce que me disait tout à l'heure ce vieil idiot de notaire... Eh! quoi que ce soit, tant mieux, si j'y trouve de quoi réparer ma fortune et ternir sa mémoire!... Pourquoi, dans la nuit que nous avons passée ensemble à Bâle, s'est-il appesanti avec tant d'insistance sur mes premiers souvenirs. Sûrement il avait un motif alors!...

Il ne put achever, car les deux plus gros béliers de Maître Voigt vinrent l'assaillir à coups de tête, comme s'ils voulaient venger la réflexion irrévérencieuse qu'Obenreizer s'était permise sur le compte de leur maître. Il céda devant l'ennemi et se retira. Mais ce fut pour se promener longtemps, seul, sur les bords du lac, la tête penchée sur sa poitrine, en proie à des réflexions profondes.

Le lendemain matin, entre sept et huit heures, il se présentait à l'étude. Il y trouva le notaire qui l'attendait en compulsant des titres et des papiers arrivés de la veille. En quelques mots bien simples, Maître Voigt le mit au courant de la routine de l'étude et des devoirs qu'il aurait à remplir. Il était huit heures moins cinq minutes lorsque le digne homme se leva, en déclarant à son nouveau clerc que cette instruction préliminaire était terminée.

— Je vais vous montrer la maison et les communs, — dit-il, — mais il faut auparavant que je serre ces papiers. Ils me viennent des autorités municipales, je dois en prendre un grand soin.

Obenreizer devint attentif, car il voyait là une occasion de s'instruire. Il allait savoir où son patron serrait ses papiers particuliers.

— Ne pourrais-je pas vous épargner cette peine Monsieur? — dit-il. — Ne pourrais-je ranger et serrer ces papiers pour vous, avec vos indications?

Maître Voigt se mit à rire sous cape. Il referma le portefeuille qui contenait ces documents précieux, et le passa à Obenreizer.

— Essayez! — dit-il. — Tous mes papiers importants sont là!...

Et il lui montrait du doigt, au bout de la chambre. une lourde porte de chêne parsemée de clous. Obenreizer s'approcha, le portefeuille à la main, et regardant la porte, s'aperçut avec surprise que, de l'extérieur au moins, il n'y avait aucun moyen de l'ouvrir. Ni poignée, ni verrou, ni clef, pas même de serrure.

— C'est qu'il y a une seconde porte à cette chambre, — dit-il.

— Non, — fit Maître Voigt. — Cherchez encore.

— Il y a certainement une fenêtre.

— Murée, mon ami, murée avec des briques. La seule entrée est bien par cette porte; est-ce que vous y renoncez? — s'écria le notaire triomphant. — Ecoutez maintenant, mon brave garçon, et dites-moi si vous n'entendez rien à l'intérieur. . .

Obenreizer écouta et recula, tout effrayé.

— Oh! — dit-il, — je sais de quoi il s'agit. J'ai entendu parler de cela quand j'étais apprenti chez un horloger. Perrin frères ont donc enfin terminé leur fameuse horloge de sûreté. Et c'est vous qui l'avez achetée?

— Moi-même. C'est bien l'horloge de sûreté. Voilà, mon fils, voilà une preuve de plus de ce que les braves gens de ce pays appellent les enfantillages du Père Voigt. Eh bien! laissons rire. Il n'en est pas moins vrai qu'aucun voleur au monde ne me prendra jamais mes clefs. Aucun pouvoir ici-bas, un bélier même, un tonneau de poudre ne fera jamais bouger cette porte. Ma petite sentinelle à l'intérieur, ma petite amie qui fait : Tic, Tic, m'obéit quand je lui dis! « ouvre. » La porte massive n'obéira jamais qu'à ce : Tic, Tic; et ce petit Tic, Tic, n'obéira jamais qu'à moi... et voilà ce qu'a imaginé ce vieil enfant de Voigt, à la plus grande confusion de tous les voleurs de la Chrétienté.

— Puis-je voir l'horloge en mouvement? — dit Obenreizer. — Pardonnez ma curiosité, Monsieur. Vous savez que j'ai passé autrefois pour un assez bon ouvrier horloger.

— Oui, vous la verrez en mouvement. — dit Maître Voigt. — Quelle heure est-il?... Huit heures moins une minute. Attention! dans une minute vous verrez la porte s'ouvrir d'elle-même.

Une minute après, doucement, lentement, sans bruit, et comme poussée par des mains invisibles, la porte s'ouvrit et laissa voir une chambre obscure.

Sur trois des côtés, des planches garnissaient les murs du haut en bas. Sur ces planches étaient rangées, en bon ordre et par étage, des boîtes de bois, ornées de marqueteries Suisses et portant toutes, en lettres de couleur, des lettres fantastiques, le nom des clients de l'étude. Maître Voigt alluma un flambeau.

— Vous allez voir l'horloge, — dit-il avec orgueil, — je peux dire que je possède la première curiosité de l'Europe... et ce ne sont que des yeux privilégiés à qui je permets de la voir. Or, ce privilége je l'accorde au fils de votre excellent père. Oui, oui, vous serez l'un des rares favorisés qui entrent dans cette chambre avec moi. Voyez là, sur le mur de droite du côté de la porte.

— Mais c'est une horloge ordinaire ! — s'écria Obenreizer. — Non, elle n'a qu'une seule aiguille.

— Non, — dit Maître Voigt, — ce n'est pas une horloge ordinaire : Non... non... cette seule aiguille tourne autour du cadran, et le point où je la mets moi-même règle l'heure à laquelle la porte doit s'ouvrir. Tenez ! l'aiguille marque huit heures : la porte ne s'est-elle pas ouverte à huit heures sonnant?

— Est-ce qu'elle s'ouvre plus d'une fois par jour ? — demanda le jeune homme.

— Plus d'une fois ? — répéta le notaire avec un air de parfait mépris pour la simplicité de son nouveau clerc. — Vous ne connaissez pas mon ami : Tic, Tic. Il ouvrira bien autant de fois que je le lui dirai. Tout ce qu'il demande, ce sont des instructions, et voilà que je les lui donne... Regardez au-dessous du cadran : il y a ici un demi-cercle en acier qui pénètre dans la muraille; là est une aiguille appelée le régulateur, qui voyage tout autour du cadran, suivant le caprice de mes mains. Remarquez, je vous prie, ces chiffres qui doivent me guider sur ce demi-cercle. Le chiffre 1 signifie qu'il faut ouvrir une fois dans les vingt-quatre heures; le chiffre 2 veut dire : ouvrez deux fois, et ainsi de suite jusqu'à la fin. Tous les matins je place le régulateur après avoir lu mon courrier, et quand je sais quelle sera ma besogne du jour. Aimeriez-vous à me le voir placer? Quel jour aujourd'hui?... Mercredi. Bon. C'est la réunion des tireurs à la carabine, je n'aurai pas grand'chose à faire, je suis sûr d'une demi-journée de congé. On pourra bien quitter l'étude après trois heures. Serrons d'abord le portefeuille avec les papiers de la Municipalité. Voilà qui est fait! je crois qu'il n'est pas nécessaire d'ennuyer Tic Tic, et de lui demander d'ouvrir avant demain matin, à huit heures. Je fais reculer le régulateur jusqu'au numéro 1. Je referme la porte; et bien fin qui l'ouvrira avant huit heures demain matin.

Obenreizer sourit. Il avait déjà vu le côté faible de l'invention préconisée par le notaire; il savait comment l'horloge à secret pouvait trahir la confiance de Maître Voigt et laisser ses papiers à la merci de son clerc.

— Arrêtez! Monsieur, — cria-t-il, au moment où notaire allait fermer la porte. — Quelque chose a mué parmi les boîtes.

Maître Voigt se retourna.

Une seconde suffit à la main agile d'Obenreizer pour faire avancer le régulateur du chiffre 1 au chiffre 2. A moins que le notaire, regardant de nouveau le cercle d'acier, ne s'aperçût de ce changement, la porte allait s'ouvrir à huit heures du soir, et personne, Obenreizer excepté, n'en saurait rien.

— Je n'ai point vu remuer ces boîtes, — dit Maître Voigt. — Vos chagrins, mon fils, vous ont ébranlé les nerfs. Vous avez vu l'ombre projetée par le vacillement de ma bougie. Ou bien encore quelque pauvre petit coléoptère qui se promène au milieu des secrets du vieil homme de loi... Ecoutez! j'entends votre camarade, l'autre clerc dans l'étude. A l'ouvrage! Posez aujourd'hui la première pierre de votre nouvelle fortune.

Il poussa gaiement Obenreizer hors de la chambre noire; avant d'éteindre sa lumière, il jeta un dernier regard de tendresse sur son horloge, — un regard qui ne s'arrêta pas sur le régulateur, — et referma la porte de chêne derrière lui.

A trois heures, l'étude était fermée. Le notaire, ses employés, et ses serviteurs se rendirent au tir à la carabine. Obenreizer, pour s'excuser de les accompagner, avait fait entendre qu'il n'était point d'humeur à assister à une fête publique. Il sortit, on ne le vit plus; on pensa qu'il faisait au loin quelque promenade solitaire.

A peine la maison était-elle close et déserte, qu'une garde-robe s'ouvrit, une garde-robe reluisante, qui donnait dans le cabinet reluisant du notaire. Obenreizer en sortit. Il s'approcha d'une croisée, ouvrit les volets, s'assura qu'il pourrait s'évader, sans être aperçu par le jardin, rentra dans sa chambre, et s'assit dans le fauteuil de Maître Voigt. Il avait cinq heures à attendre.

Il tua le temps comme il put, lisant les livres et journaux épars sur la table, tantôt réfléchissant, tantôt marchant de long en large, suivant sa chère coutume. Le soleil enfin se coucha.

Obenreizer referma les volets avec soin avant d'allumer la bougie. Le moment approchait ; il s'assit, montre en main, guettant la porte de chêne.

A huit heures, doucement, lentement, sans bruit, comme poussée par une main invisible, la porte s'ouvrit.

Il lut, l'un après l'autre, tous les noms inscrits sur les boîtes de bois. Nulle part ce qu'il cherchait !... Il écarta la rangée extérieure et continua son examen.

Là, les boîtes étaient plus vieilles, quelques-unes même fort endommagées. Les quatre premières portaient leur nom écrit en Français et en Allemand ; le nom de la cinquième était illisible. Obenreizer la prit, l'emporta dans l'étude pour l'examiner plus à l'aise... Miracle ! sous une couche épaisse de taches produites par la poussière et par le temps, il lut : —

VENDALE

La clef tenait par une ficelle à une boîte. Il ouvrit, tira quatre papiers détachés, les posa sur la table et commença de les parcourir.

Tout à coup, ses yeux animés par une expression

d'avidité sauvage se troublèrent. Un cruel désenchantement, une surprise mortelle se peignit en même temps sur son visage blêmi. Il mit sa tête dans ses mains pour réfléchir, puis il se décida, prit copie de ces papiers qu'il venait de lire, les remit dans la boîte, la boîte à sa place, dans la chambre noire, referma la porte de chêne, éteignit la bougie, et s'esquiva par la croisée.

Tandis que le voleur, le meurtrier, franchissait le mur du jardin, le notaire, accompagné d'un étranger, s'arrêtait devant sa maison, tenant sa clef dans la main.

— De grâce, Monsieur Bintrey, — disait-il, — ne passez pas devant chez moi sans me faire l'honneur d'y entrer. C'est presque un jour de fête dans la ville... le jour de notre tir... mais tout le monde sera de retour avant une heure... N'est-il pas plaisant que vous vous soyez justement adressé à moi pour demander le chemin de l'hôtel... Eh bien, buvons et mangeons ensemble, avant que vous vous y rendiez.

— Non, pas ce soir, — répliqua Bintrey, — je vous remercie. Puis-je espérer de vous rencontrer demain matin vers dix heures?

— Je serai ravi de saisir l'occasion la plus prompte de réparer, avec votre permission, le mal que vous faites à mon client offensé, — repartit le bon notaire.

— Oui, oui, — fit Bintrey, — votre client offensé! C'est bon! mais un mot à l'oreille, Monsieur Voigt.

Il parla pendant une seconde à voix basse et continua sa route. Lorsque la femme de charge du notaire revint à la maison, elle le trouva debout devant la porte, immobile, tenant toujours sa clef à la main et la porte toujours fermée.

VICTOIRE D'OBENREIZER.

La scène change encore une fois. Nous sommes au pied du Simplon, du côté de la Suisse.

Dans l'une des tristes chambres de cette triste auberge de Brietz étaient assis Bintrey et Maître Voigt.

Ils étaient un conseil, — suivant les habitudes de leur profession, — un conseil composé de deux membres. Bintrey fouillait sa boîte à dépêches; Maître Voigt regardait sans cesse une porte fermée, peinte en une certaine couleur brune qui se proposait d'imiter l'acajou.

Cette porte s'ouvrit sur la chambre voisine.

— L'heure n'est-elle pas arrivée?... Ne devait-il pas être ici?... — fit le notaire, — qui changea la direction de son regard pour examiner une seconde porte à l'autre bout de la chambre.

Celle-là était peinte en jaune et se proposait d'imiter le bois de sapin.

— Il est ici! — répliqua Bintrey, après avoir écouté un moment.

La porte jaune fut ouverte par un valet qui introduisit Obenreizer.

Il salua Maître Voigt en entrant, avec une familiarité qui ne causa pas peu d'embarras au notaire; il salua Bintrey avec une politesse grave et réservée.

— Pour quelle raison m'a-t-on fait venir de Neufchâtel au pied de cette montagne? — demanda-t-il en prenant le siége que l'homme de loi Anglais lui indiquait.

— Votre curiosité sera complétement satisfaite avant la fin de notre entrevue, — répliqua Bintrey. — Pour le moment, voulez-vous me permettre un conseil?... Oui. Eh bien! allons tout droit aux affaires. Je suis ici pour représenter votre nièce.

— En d'autres termes, vous, homme de loi, vous êtes ici pour représenter une infraction à la loi.

— Admirablement engagé, — s'écria l'Anglais, — si tous ceux à qui j'ai affaire étaient aussi nets que vous, que ma profession deviendrait aisée! Je suis donc ici pour représenter une infraction à la loi. Voilà votre façon à vous d'envisager les choses; mais j'ai aussi la mienne et je vous dis que je suis ici pour essayer d'un compromis entre votre nièce et vous...

— Pour discuter un compromis, — interrompit Obenreizer, — la présence des deux parties est indispensable... Je ne suis pas l'une de ces deux parties. La loi me donne le droit de contrôler les actions de ma nièce jusqu'à sa majorité. Or, elle n'est pas majeure. C'est mon autorité que je veux.

En ce moment, Maître Voigt essaya de parler. Bintrey, de l'air de compatissante indulgence qu'on emploie envers les enfants gâtés, lui imposa silence.

— Non, mon digne ami, non, pas un mot. Ne vous agitez pas vainement. Laissez-moi faire.

Et se retournant vers Obenreizer, il s'adressa de nouveau à lui.

— Je ne puis rien trouver qui vous soit comparable Monsieur, — dit-il, — rien que le granit. Encore le granit même s'use-t-il par l'effet du temps. De grâce, dans l'intérêt de la paix et du repos, au nom de votre dignité laissez-vous amollir un peu... Ah! si vous vouliez seulement déléguer votre autorité à une personne que je connais, vous pourriez être bien sûr que cette personne ne perdrait jamais, ni jour, ni nuit, votre nièce de vue...

— Vous perdez votre temps et le mien, — interrompit Obenreizer. — Si ma nièce n'est pas rendue à mon autorité sous huit jours, j'invoquerai la loi. Si vous résistez à la loi, je saurai bien la prendre de force.

En même temps, il se dressait de toute sa taille. Maître Voigt regarda encore une fois autour de lui, vers la porte brune.

— Ayez pitié de cette pauvre jeune fille, — reprit Bintrey avec insistance. — Rappelez-vous qu'elle a tout récemment perdu son fiancé. Il est mort d'une mort affreuse... Rien ne pourra donc vous toucher ?

— Rien.

Bintrey se leva à son tour et regarda Maître Voigt.

La main du notaire qui s'appuyait sur la table commença de trembler; ses yeux demeurèrent fixés comme par une sorte de fascination irrésistible sur la porte brune.

Obenreizer, qui observait tout avec méfiance, suivit la direction de ce regard.

— Il y a là une personne qui nous écoute, — s'écria-t-il.

— Il y en a deux, — fit Bintrey.

— Qui sont-elles?

— Vous allez les voir.

Il éleva la voix et ne dit qu'un mot, un mot bien commun, qui se trouve journellement sur les lèvres de tout le monde.

— Entrez.

La porte brune s'ouvrit.

Soutenu par Marguerite, pâle, le bras droit en écharpe, Vendale se trouva debout devant son meurtrier.

Un fantôme sortant de la tombe!

Durant le silence qui suivit, le chant d'un oiseau en cage qui gazouillait en bas dans la cour, fut le seul bruit qu'on entendit dans cette chambre.

Maître Voigt toucha le bras de Bintrey, et lui montrant Obenreizer : —

— Regardez-le, — dit-il tout bas.

Cette émotion terrible avait paralysé le misérable; son visage était celui d'un cadavre, et sur sa joue pâle un seul point gardait la couleur de la vie : c'était cette raie pourpre et sanguinolente, la cicatrice de la blessure que sa victime lui avait faite au bord du gouffre en se débattant contre lui. Sans voix, sans haleine, immobile, stupide, on eût dit que, à l'aspect de Vendale, la mort à laquelle il avait condamné son ennemi venait de le frapper lui-même.

— Quelqu'un devrait lui parler, — dit Maître Voigt. — Dois-je le faire?

Même en ce moment, Bintrey s'opiniâtra à faire taire l'heureux possesseur de l'horloge à secret, l'homme de loi Anglais entendant se réserver entièrement la direction de cette affaire. Il fit signe à Marguerite et à Vendale de sortir.

— Le but de votre apparition soudaine est rempli, — dit-il à ce dernier. — Eloignez-vous, quant à présent. Votre absence aidera sans doute Monsieur Obenreizer à recouvrer le sens et la voix qu'il a perdus.

Bintrey avait deviné juste.

A peine les deux fiancés eurent-ils disparu, à peine la porte brune se fut-elle refermée derrière eux qu'Obenreizer fit entendre un profond soupir. Il chercha une chaise autour de lui et s'y laissa tomber lourdement.

— Donnez-lui le temps de se remettre, — fit Maître Voigt.

— Point du tout, — dit Bintrey, — je ne sais l'usage qu'il ferait de ce temps, si je le lui accordais.

— Monsieur, — reprit-il, en se retournant vers Obenreizer. — Je me dois à moi-même... remarquez bien que je n'admets pas que je vous doive quelque chose à vous... d'expliquer mon intervention dans tout ceci, et de vous apprendre ce qui a été fait d'après mes avis, sous ma responsabilité entière. Êtes-vous en état de m'écouter?

— Je vous écoute.

— Rappelez-vous l'époque à laquelle vous vous êtes mis en route pour la Suisse avec Vendale, — commença Bintrey. — A peine vingt-quatre heures s'étaient-elles écoulées depuis votre départ que votre nièce commettait une imprudence... Avec toute votre pénétration même, vous n'auriez pu la prévoir! Elle suivait son fiancé dans ce voyage, sans demander avis ni permission à qui que ce fût au monde, et sans autre compagnon pour la protéger en route qu'un garçon de cave au service de Vendale.

—Pourquoi? — s'écria Obenreizer. — D'où lui était venu cette pensée de nous suivre, et comment avait-elle pris cet homme pour guide?

— Je vais vous le dire, — répliqua froidement Bintrey. — Parce qu'elle soupçonnait qu'une querelle très-sérieuse avait dû avoir lieu entre vous et Vendale et qu'on la lui avait cachée; parce qu'elle vous croyait — et avec raison — capable de servir vos intérêts et de satisfaire vos ressentiments par un crime. Aussitôt après votre départ, elle s'adressa à ce Joey Laddle que vous connaissez afin de savoir ce qui s'était passé entre vous et son maître. Un accident fort ordinaire arrivé à Vendale dans ses caves avait éveillé chez cet homme une superstition ridicule; il était frappé de l'idée que Monsieur Vendale mourrait de mort violente. Votre nièce lui arracha cette prédiction insensée qui porta ses propres craintes à leur comble. Aussitôt Joey Laddle eut conscience du mal qu'il venait de faire, il se condamna lui-même à la seule expiation qu'il pouvait offrir : « Si mon maître est en danger, » dit-il à Mademoiselle Marguerite, « il est de mon devoir d'aller à son secours, et encore plus de veiller sur vous. » Ils se mirent donc en route tous les deux...

C'est la première fois, Monsieur Obenreizer, qu'une superstition a servi à quelque chose. Cette terreur qui paraissait sans fondement, a décidé votre nièce à entreprendre ce voyage et l'a conduite à sauver la vie de celui qu'elle aimait. Jusqu'ici me comprenez-vous?

— Jusqu'ici, je vous comprends.

— La première connaissance de votre crime, — poursuivit l'Anglais, — me parvint par une lettre de Mademoiselle Marguerite, et tout ce qu'il me reste à vous faire savoir, c'est que son amour et son courage surent retrouver votre victime. Elle mit toute son énergie à rappeler Monsieur Vendale à la vie. Tandis qu'il était mourant, soigné par elle à Brietz, elle m'écrivait pour me prier de me rendre auprès de lui. Avant mon départ, j'avertis Madame Dor de ce que je venais d'apprendre; je lui dis que Mademoiselle Obenreizer était en sûreté et que je connaissais le lieu de sa retraite. La bonne dame, à son tour, m'informa qu'une lettre était arrivée pour votre nièce, et qu'elle avait reconnu votre écriture. Je m'en emparai et pris des arrangements pour que toutes celles qui suivraient me fussent remises. Arrivé à Brietz, je trouvai Monsieur Vendale hors de danger, et je m'employai tout de suite à hâter le jour où je pourrais régler enfin mes comptes avec vous... Je savais que Defresnier et Compagnie s'étaient séparés de vous sur de certains soupçons; je le savais mieux que personne, car ils n'ont agi que sur des renseignements particuliers que je leur avais fait passer. Vous ayant donc dépouillé tout d'abord de votre honorabilité menteuse, il me restait à vous arracher votre autorité sur Mademoiselle Marguerite. Pour atteindre ce but, je n'ai pas connu de scrupules. C'est en parfaite sûreté de conscience que j'ai creusé le piége sous vos pas et dans l'ombre, et, faut-il vous l'avouer, j'ai même éprouvé une certaine satisfaction professionnelle à vous battre avec vos propres armes. Par mon ordre, on vous a soigneusement caché jusqu'à ce jour tout ce qui s'était passé depuis deux mois. C'est ma main, invisible mais toujours active, qui vous a amené ici par degrés. Je ne voyais qu'un seul moyen de faire tomber d'un seul coup cette assurance diabolique qui, jusqu'à présent, a fait de vous un homme redoutable. Ce moyen, je l'ai employé... Maintenant, il ne nous reste plus qu'une chose à faire ensemble, une seule, Monsieur Obenreizer.

Ce disant, Bintrey tirait de son sac à dépêches deux feuilles de papier couvertes de caractères pressés où l'on reconnaissait le grimoire légal.

— Voulez-vous rendre la liberté à votre nièce?—reprit-il.—Vous avez commis une tentative d'homicide, un faux, et un vol. Nous en avons les preuves irrécusables. Si vous subissez une condamnation infamante, vous savez aussi bien que moi ce qu'il adviendra de votre autorité de tuteur. Personnellement, j'aurais mieux aimé le parti le plus violent pour nous débarrasser de vous; mais on a fait valoir à mes yeux mille considérations auxquelles je ne saurais point résister. Donc, j'avais bien raison de vous dire que cette entrevue devait se terminer par un compromis. Signez cet acte par lequel vous vous engagez à ne plus prétendre à aucun pouvoir sur Mademoiselle Marguerite, à ne vous jamais montrer ni en Angleterre ni en Suisse, et je vous signerai à mon tour un engagement qui vous garantira contre toute poursuite judiciaire. Signez !

Obenreizer prit la plume et signa.

Il reçut à son tour l'engagement dont lui avait parlé Bintrey. Après quoi, il se leva, mais sans faire aucun mouvement pour quitter la chambre. Il demeurait debout regardant Maître Voigt avec un sourire étrange; une lueur sombre jaillissait de son ciel nuageux.

— Qu'attendez-vous ? — fit Bintrey.

Obenreizer montra du doigt la porte brune.

— Rappelez-les, — dit-il. — J'ai quelque chose à dire en leur présence avant de me retirer.

— Ma présence, à moi, ne suffit-elle pas à vous satisfaire ? — riposta l'Anglais, — je refuse de les rappeler.

Obenreizer se tourna vers Maître Voigt.

— Vous souvenez-vous d'avoir eu jadis un client Anglais du nom de Vendale ? — lui demanda-t-il.

— Eh bien, — répondit le notaire, — qu'est-ce que ce souvenir a de commun avec les choses qui nous occupent ?

— Maître Voigt, votre horloge de sûreté vous a trahi.

— Que voulez-vous dire ?

— J'ai lu les lettres et certificats contenus dans la boîte de votre client, et j'en ai pris des copies. Ces copies, je les ai sur moi. Monsieur Bintrey, cela vous paraîtra-t-il enfin une raison suffisante de rappeler vos amis ?

Durant quelques instants, le notaire regarda de tous côtés. Placé entre Obenreizer et Bintrey, il ne savait auquel entendre, car il était plongé dans un étonnement qui lui enlevait l'exercice de la raison. Enfin il se remit, il attira son confrère dans un coin de la chambre et lui dit quelques mots.

Le visage de Bintrey, après avoir réfléchi, pendant un moment, comme un miroir, la surprise peinte sur celui de Maître Voigt, changea subitement d'expression. Avec l'ardeur d'un jeune homme, il s'élança vers la porte brune, disparut, et revint aussitôt suivi de Vendale et de Marguerite.

— Les voici! — cria-t-il à Obenreizer. — A vous la dernière manche de la partie. Jouez serré.

— Avant d'abdiquer, comme tuteur, mon autorité sur cette jeune fille, — dit Obenreizer, — mon devoir me commande de lui révéler un secret auquel elle est intéressée. Je ne réclame point son attention à la légère, et je ne lui demande point, ni aux autres personnes présentes, d'en croire mon récit sur parole. J'ai en main des preuves écrites. Ce sont des copies d'originaux dont l'authenticité pourra être attestée par Maître Voigt lui-même. Faites bien entrer cela dans son esprit, et reportons-nous ensemble à une époque déjà bien vieille... au mois de Février de l'année 1836.

— Remarquez cette date, Vendale, — s'écria Bintrey.

— Ma première preuve, — continua Obenreizer, tirant un papier de son portefeuille, — est la copie d'une lettre écrite par une dame Anglaise, une femme mariée... à sa sœur qui est veuve. Je tairai le nom de cette dame pour le moment. Celui de la personne à laquelle cette lettre est adressée est Madame Jane Anna Miller, à Groombrigde Wells, Angleterre.

Vendale tressaillit, il allait parler, — Bintrey l'arrêta comme il avait tant de fois arrêté Maître Voigt depuis une heure.

— Non, — fit l'opiniâtre Anglais. — Rapportez-vous-en à moi.

— Il est inutile, — reprit Obenreizer, — de vous fatiguer de la première moitié de cette lettre et je vais vous en donner la substance en deux mots. Voici donc quelle était la situation de la personne qui a écrit ces lignes. Elle avait longtemps habité la Suisse, avec son mari, que sa santé obligeait d'y vivre. Ils étaient alors sur le point de se rendre à une nouvelle résidence qu'ils avaient choisie; ils devaient y être installés sous huit jours et annonçaient à Madame Miller qu'ils pourraient l'y recevoir dans deux semaines. Ceci dit, l'auteur de la lettre entre alors dans un détail domestique très-important. Privés de la joie d'avoir des enfants, et, n'ayant plus, après tant d'années, aucune espérance à ce sujet, ils sont seuls, ils sentent le besoin de mettre un intérêt dans leur vie et ils ont résolu d'adopter un jeune garçon. Je commence ici à lire mot pour mot : —

« Voulez-vous nous aider, chère sœur, dans la réa
» lisation de notre projet ? En notre qualité d'Anglais,
» nous désirons adopter un enfant Anglais. Cet en-
» fant, on peut l'aller chercher, je crois, à l'Hospice
» des Enfants Trouvés; l'homme d'affaires de mon

» mari, à Londres, vous indiquera les moyens à » prendre. Je vous laisse la liberté du choix aux » seules conditions que je vais vous dire. L'enfant » sera âgé d'un an au moins et ce sera un garçon. » Pardonnez-moi la peine que je vais vous donner, et » amenez-nous l'enfant avec les vôtres, quand vous viendrez nous joindre à Neufchâtel.

» Encore un mot, qui vous fera connaître les inten» tions de mon mari en cette circonstance délicate. Il » veut épargner à l'enfant, qui deviendra le nôtre, » toute humiliation dans l'avenir et surtout ne jamais » l'exposer à la perte du respect de soi-même, qui » pourrait résulter pour lui de la connaissance de sa » véritable origine. Il portera le nom de mon mari et » sera élevé dans la croyance qu'il est réellement son » fils. L'héritage que nous laisserons lui sera assuré, » non-seulement d'après les lois Anglaises, mais aussi » d'après les lois de la Suisse. Nous avons vécu si » longtemps dans ce dernier pays que nous pouvons » presque le considérer comme le nôtre. Il y a donc à » prendre des précautions pour prévenir toute révéla» tion postérieure qui pourrait être faite à l'Hospice » des Enfants Trouvés. Or, notre nom est assez rare » en Angleterre, et si nous intervenons et sommes » inscrits comme adoptants sur les registres de l'Hos» pice, il y aura certainement bien des choses à » craindre. Votre nom à vous, chère, est porté en » Angleterre par des milliers de personnes de toute » classe et de tout rang, et si vous vouliez consentir à

» paraître seule sur ces registres, le secret serait » assuré.

» Nous changeons de séjour et nous nous rendons » dans une partie de la Suisse où notre situation et » notre manière de vivre sont inconnues; vous ferez » bien, je crois, de prendre une gouvernante nouvelle, » lorsque vous viendrez nous voir. Avec toutes ces » précautions l'enfant passera pour être le mien, que » j'aurai laissé en Angleterre et qui me sera ramené » par les soins de ma sœur. La seule servante que » nous gardions avec nous en changeant de demeure, » est ma femme de chambre, en qui je peux avoir une » confiance sans réserve. Quant aux hommes d'af- » faires, tant d'Angleterre que de Suisse, ils savent » par état garder un secret et nous pouvons être tran- » quilles de ce côté-là. Ainsi voilà toute notre petite » conspiration dévoilée devant vos yeux. Répondez- » moi par le retour du courrier. — Mille amitiés, et » dites-moi que vous suivrez de près votre lettre. »

— Persistez-vous à cacher le nom de la personne qui a écrit ces lignes? — demanda Vendale.

— Je le garde pour le bouquet, — répondit insolemment Obenreizer, — et je passe à ma seconde preuve. Un simple chiffon de papier, cette fois, comme vous voyez. C'est une note remise à l'avoué Suisse qui a rédigé les documents relatifs à cette affaire. Je viens de le lire. En voici les termes : —

« Adopté à l'Hospice des Enfants Trouvés de Londres, » le 3 Mars 1836, un enfant mâle du nom de Walter

» *Wilding. — Nom et situation de l'adoptant : Madame*
» *Jane Anna Miller, veuve, agissant en cela pour sa*
» *sœur, mariée, domiciliée en Suisse.* »

Patience! — fit Obenreizer en voyant Vendale qui, malgré les efforts de Bintrey, se préparait encore à prendre la parole, — je ne cacherai plus bien longtemps le nom que vous désirez connaître. Mais, voici encore deux autres petits chiffons de papier. Voici ma troisième preuve : —

« *Certificat du Docteur Ganz, à Neufchâtel, daté de Juillet* 1838. »

Le docteur certifie — vous lirez tout à l'heure — d abord qu'il a soigné l'enfant adopté dans toutes les maladies du jeune âge — ensuite que, trois mois avant la date de ce certificat même, le gentleman adoptant était mort; qu'à cette date juste, la veuve de ce gentleman, accompagnée de sa femme de chambre, quittait Neufchâtel pour s'en retourner en Angleterre..... Un anneau encore à ajouter à toutes ces chaînes, — reprit Obenreizer, après une courte pause, — et mon devoir sera rempli... La femme de chambre en question demeura au service de cette dame jusqu'à la mort de celle-ci, il n'y a que peu d'années. Elle pourrait donc affirmer l'identité de l'adopté qu'elle a suivi depuis son enfance jusqu'à l'âge viril. Voilà son adresse en Angleterre... et ceci. Monsieur Vendale, est ma quatrième et dernière preuve.

Pourquoi vous adressez vous à moi? — dit Vendale, tandis qu'Obenreizer jetait l'adresse écrite sur la table.

— Parce que vous êtes cet homme ! Parce que si ma nièce vous épouse, elle épousera un bâtard, élevé par la charité publique ; elle épousera un imposteur, sans nom, sans famille, qui fait le personnage d'un gentleman et qui n'est qu'un masque.

— Bravo ! — s'écria Bintrey, — admirablement engagé, Monsieur Obenreizer ; je n'ajouterai qu'un mot à ce que vous venez de dire !... Votre nièce épouse, grâce à vos efforts et à votre heureuse intervention, un homme qui hérite d'une belle fortune !... George Vendale, comme co-exécuteur testamentaire, souffrez que je me félicite en même temps que vous. Le dernier vœu terrestre de notre pauvre ami est accompli. Nous avons trouvé le véritable Walter Wilding... ah ! ah ! c'est Monsieur Obenreizer lui-même qui le dit : Vous êtes cet homme !

Ces derniers mots arrivèrent sans qu'il les entendît à l'oreille de Vendale. En ce moment il n'avait conscience que d'une sensation unique et délicieuse, il n'écoutait qu'une voix, celle de Marguerite qui lui disait : —

— George, je ne vous ai jamais tant aimé que je vous aime.

LE RIDEAU TOMBE.

C'est le premier jour de Mai. On se prépare à des réjouissances sans exemple au Carrefour des Ecloppés. Les cheminées fument, la salle à manger patriarcale est tapissée de guirlandes de fleurs; Madame Goldstraw, la respectable femme de charge, est dans le feu du combat. C'est aujourd'hui que le jeune maître du logis épouse au loin sa belle fiancée, — au loin, bien au loin, en Suisse, dans la petite ville de Brietz, au pied du Simplon, tout près de ce gouffre terrible d'où l'ont retiré vivant son courage et son amour.

Les cloches, à Brietz, sonnent à toute volée. Les rues sont pavoisées de drapeaux et retentissent du bruit de la musique et des carabines. Des tonneaux de vin ornés de banderoles laissent couler la précieuse liqueur sous une tente qu'on a dressée devant l'auberge, et l'on y prépare un banquet où tout le monde viendra s'asseoir.

Pourquoi ces cloches? Pourquoi ces bannières? ces draperies aux fenêtres, ces coups de feu, et cet orchestre? Pourquoi la petite ville est-elle en liesse? Pourquoi le cœur de ces rustiques habitants est-il en joie?

La nuit dernière, la tempête a mugi; les montagnes sont de nouveau couvertes de neige; mais le soleil brille, l'air est frais et embaumé; les clochers de zinc des villages dans la vallée ressemblent à de l'argent bruni ; la chaîne des Alpes, aussi loin qu'on peut l'embrasser du regard, est un long nuage blanc, dans le ciel bleu.

Par les soins des bonnes gens de Brietz, un arc de triomphe en feuillage s'élève en travers de la rue que les nouveaux mariés vont suivre en revenant de l'église.

On y lit d'un côté cette inscription : —

Honneur et Amour.

De l'autre : —

A Marguerite Vendale.

C'est qu'ils sont fiers de leur jeune et belle compatriote, c'est qu'ils en sont enthousiastes. Ils veulent la saluer par le nom de son mari, au sortir de l'église. C'est une surprise qu'ils lui ont ménagée. Aussi vont-ils la conduire au temple par des rues tortueuses qui passent derrière les maisons.

Voilà sans doute un projet qui n'était pas difficile à accomplir dans cette tortueuse ville de Brietz.

Ainsi tout est prêt. C'est à pied qu'on se rendra à l'église, et l'on en reviendra de même. Dans la plus belle chambre de l'auberge ornée pour la fête, les fiancés, le notaire de Neufchâtel, Monsieur Bintrey, Madame Dor, et un certain compagnon gros et grand populaire sous le nom de Monsieur *Zhoë-Ladelle* étaient réunis.

En vérité Madame Dor était gantée d'une paire de gants qui étaient à elle. Elle ne levait plus les bras au ciel, mais elle les ayait jetés tous les deux autour du cou de la mariée; le reste de l'assistance devait se contenter de la vue de son large dos jusqu'à la fin.

— Mon amour, ma beauté, — soupirait la bonne dame, — pardonnez-moi d'avoir jamais pu être sa chatte.

— Sa chatte, Madame Dor? — répéta Marguerite au comble de l'étonnement.

— Eh! oui, sa chatte, ma mignonne, car j'étais chargée de surveiller la charmante petite souris...

Et cette explication originale de son ancienne soumission à Obenreizer ne sortit de la bouche de Madame Dor qu'avec un cruel sanglot.

— Madame Dor, vous avez été toujours notre meilleure amie... George, dites-le-lui donc, que nous la regardons comme notre amie!

— Sûrement, ma chérie, que serions-nous devenus sans elle?

— Vous êtes tous les deux si généreux et si bons; — s'écria la vieille Suissesse repentante.

Puis revenant à son idée : —

— C'est égal, — dit-elle, — j'ai été sa chatte!...

— Oui, mais comme la châtte des contes de fées, ma bonne Madame Dor, — dit Vendale en l'embrassant sur les deux joues. — Vous êtes une femme loyale et franche, et la sympathie que vous aviez pour les deux pauvres amoureux au supplice a été aussi franche que votre cœur.

— Je ne veux en aucune façon priver Madame Dor de sa part d'embrassades, — fit Bintrey en tirant sa montre, — et je ne trouve pas mauvais de vous voir réunis tous trois dans un coin comme les Trois Grâces. Je fais simplement la remarque que l'heure est venue et que nous pourrions nous mettre en marche. Quel est votre sentiment à ce sujet, Monsieur Laddle?

— Limpide, Monsieur, — répliqua Joey avec une grimace tout aimable. — C'est étonnant, Monsieur, comme je me sens limpide dans tout mon être, depuis que j'ai vécu quelques semaines sur la terre. Jamais je n'y avais passé si longtemps et cela m'a fait beaucoup de bien. Par exemple, je conviens que si, au Carrefour des Écloppés, je me trouve quelquefois un peu trop au-dessous de la terre, au sommet du Simplon, je me trouvais un peu trop au-dessus. J'ai rencontré le milieu ici, Monsieur... Là, si j'ai jamais pris la vie gaiement depuis que je suis au monde, c'est bien aujourd'hui. Et je compte le montrer en portant certain toast à table. Voilà mon toast : « Que Dieu les bénisse tous les deux ! »

— J'appuierai le toast, — fit Bintrey. — Et maintenant, Monsieur Voigt, à nous deux, comme de vieux amis. Bras dessus, bras dessous, marchons ensemble.

La foule attendait aux portes, on prit gaiement le chemin de l'église, et cet heureux mariage fut accompli.

La cérémonie n'était point encore terminée quand on vint du dehors quérir le notaire.

Il sort, et bientôt de retour, il se tient debout, derrière Vendale, qu'il touche à l'épaule.

— Allez à la porte de côté, — dit-il, — et seul. Confiez-moi votre femme pour un moment.

Sur le seuil de cette porte se tenaient les deux guides de l'Hospice, couverts de neige, exténués par une longue route. Ils souhaitèrent toutes sortes de bonheur à Vendale, puis...

Puis chacun d'eux mit sa forte main sur l'épaule du jeune homme, et le premier lui dit : —

— La litière est ici, la même dans laquelle on vous a transporté à l'Hospice, la même!...

— La litière, ici! — fit Vendale. — Pourquoi?

— Silence... Pour l'amour de votre femme... Votre compagnon de ce jour-là...

— Que lui est-il arrivé?

Le guide regarda son camarade comme pour le sommer de lui donner du courage.

— Il est là, — dit-il.

— Pendant quelques jours, — reprit le guide, — il a vécu au premier Refuge. Le temps était alternativement beau et mauvais...

— Eh bien? — fit Vendale.

— Il est arrivé à notre Hospice avant-hier, et s'étant réconforté par un bon sommeil, par terre, devant le feu, enveloppé dans son manteau, il se détermina à partir avant le jour, pour continuer sa route jusqu'à l'Hospice voisin. Cette partie du chemin lui inspirait de grandes craintes, il pensait qu'elle serait plus mauvaise le lendemain.

— Achevez...

— Il partit seul. Il avait déjà dépassé la galerie, lorsqu'une avalanche, semblable à celle qui tomba derrière vous près du pont de Ganther...

— Cette avalanche l'a tué ?

— Nous l'avons trouvé broyé, brisé en morceaux... mais, monsieur, pour l'amour de votre femme... nous l'avons apporté ici sur la litière pour qu'on l'ensevelisse. Il faut que nous montions la rue et pourtant elle ne doit pas le voir, elle... ce serait une malédiction que de faire passer la litière sous l'arcade de verdure, avant qu'elle n'y ait passé... nous allons la déposer sur une pierre au coin de la seconde rue à droite, et lorsque vous descendrez de l'église, nous nous placerons devant. Mais tâchez que votre femme ne la voie point et qu'elle ne tourne pas la tête quand elle sera passée... Allez ! ne perdez point de temps. Elle pourrait s'inquiéter de votre absence... Allez !

Vendale retourna vers sa femme. Ce joyeux cortége les attendait à la grande porte de l'église. Ils descendirent la rue au milieu du carillon des cloches, des décharges de mousqueterie, des drapeaux qui s'agitaient, des instruments de cuivre qui faisaient rage, des acclamations, des cris, des rires, et des pleurs de toute la ville, enivrée du plaisir de les voir heureux. Toutes les têtes se découvraient sur leur passage, les enfants leur envoyaient des baisers.

— Que la bénédiction du Ciel descende sur la jeune fille courageuse ! — s'écriait-on de toutes parts. — Voyez ! comme elle s'avance noblement dans sa jeunesse et dans sa beauté, au bras de celui à qui elle a sauvé la vie !

Lorsqu'on arriva au coin de la seconde rue à droite Vendale se pencha à son oreille et lui parla longuement tout bas. Lorsqu'ils eurent franchi le coin sinistre, Vendale, pressant le bras de Marguerite sous le sien, lui dit : —

— Pour des raisons que je vous ferai connaître plus tard, ne vous retournez pas, ma chérie.

Mais lui, il tourna la tête.

Il vit la litière et ses porteurs qui passaient sous l'arc triomphal.

Et il continua de marcher avec Marguerite et tout le cortége de la noce, — descendant vers la riante vallée.

FIN.

TABLE

FIN DE LA TABLE.

6822 — IMP. DUBREUIL, FRÈREBEAU & CIE, 18, RUE CLAUZEL. - PARIS

BIBLIOTHÈQUE VARIÉE

FORMAT IN-16, BROCHÉ

ROMANS, MÉMOIRES, ŒUVRES DIVERSES

1re SÉRIE, A 3 FR. 50 LE VOLUME

About (Edm.) : *La Grèce contemporaine*. 1 vol.

— *Le roman d'un brave homme.*

Barine (Arvède) : *La jeunesse de la Grande Mademoiselle* (1627-1652). 1 v.

— *Louis XIV et la Grande Mademoiselle* (1652-1693). 1 vol.

— *Essais et fantaisies*. 1 vol.

— *Saint François d'Assise* et la Légende des trois compagnons. 1 vol.

— *Madame, mère du Régent*. 1 vol.

Boutmy (Th.) *Questions américaines*. 1 vol.

Chevillet (J.) : *Ma vie militaire* (1800-1810). 1 vol.

Corbin (Cl Ch.). : *Notes et Souvenirs d'un officier d'état-major* (1831-1904). 1 vol.

Coynart (Ch. de) : *Une sorcière au XVIIIe siècle*. Marie-Anne de la Ville (1680-1725.) 1 vol.

— *Les malheurs d'une Grande Dame sous Louis XV*. 1 vol.

— *Une petite-nièce de Lauzun*. 1 vol.

Daudet (Ernest) : *Le Roman d'un Conventionnel*, Hérault de Séchelles et les Dames de Bellegarde. 1 vol.

Du Camp (M.), de l'Académie française : *Paris, ses organes, ses fonctions, sa vie*. 6 vol.

— *Les convulsions de Paris*. 4 vol.

— *La charité privée à Paris*. 1 vol.

— *La croix rouge de France*. 1 vol.

— *Le crépuscule*. 1 vol.

Bugard (M.) : *La société américaine.* Ouvrage couronné par l'Académie française.

Ferry (G.) : *Le coureur des bois.* 2 vol.
— *Costal l'Indien.* 1 vol.

Filon (A.) : *Mérimée et ses amis.* 1 vol.
— *La caricature en Angleterre.* 1 vol.

Funck-Brentano : *Légendes et archives de la Bastille.* 1 vol.
— *Le drame des poisons.* 1 vol.
— *L'affaire du Collier.* 1 vol.
— *La mort de la reine.* 1 vol.
— *Les Nouvellistes.* 1 vol.
— *Figaro et ses devanciers.* 1 vol.
— *La Bastille des Comédiens.* 1 vol.
— *Mandrin.* 1 vol.

Gailly de Taurines (Ch.) : *Aventuriers et Femmes de qualité.* 1 vol.
— *Père et fille*, Philippe de Campagne et Sœur Catherine de Ste Suzanne à Port-Royal. 1 vol.

Gaultier (Paul) : *Le rire et la caricature.* 1 vol.
Ouvrage couronné par l'Académie française.

Gebhart (E.), de l'Académie française : *D'Ulysse à Panurge.* Contes héroï-comiques. 1 vol.

Jollivet (G.) : *Six mois de guerre* (1er août 1914 — 1er février 1915). 1 vol.
— *Trois mois de guerre.* — I (1er février-1er mai 1915). 1 vol. — II (Mai-Juin-Juillet 1915). 1 vol. — III (Août-Sept.-Octobre 1915). 1 vol. — IV (Novembre-Décembre-Janvier 1916). 1 vol.
— *L'épopée de Verdun.* 1 vol.

Leneru (M.) : *Les Affranchis*, pièce en 3 actes. 1 vol.
— *Les Redoutables*, pièce en 3 actes. 1 vol.

Liégeard (S.) : *Les grands cœurs*, poésies. 1 vol.
— *Au caprice de la plume.* 1 vol.
— *Rêves et combats.* 1 vol.

Mézières (A.), de l'Académie française : *Hors de France.* 1 vol.
— *Morts et vivants.* 1 vol.

Michelet (J.) : *L'oiseau*; 17e édit. 1 vol.

Millet (P.) : *La France provinciale.* Vie sociale. — Mœurs administratives. 1 v.

Ralston : *Contes populaires de la Russie.* 1 vol.

Riou (G.) : *Journal d'un simple soldat*, 1915 (Guerre-Captivité). 1 vol.

Rosebery (Lord) : *Napoléon*, la dernière phase. 1 vol.

Taine (H.) : *Étienne Mayran*, fragments. 1 vol.

Tiersot (J.) : *Les fêtes et les chants de la Révolution française.* 1 vol.

Valbert : *Hommes et choses d'Allemagne.* 1 vol.
— *Hommes et choses du temps présent.* 1 vol.

2e SÉRIE, A 3 FR. LE VOLUME

Du Mesnil (A.) : *Souvenirs de lectures.* 1 vol.

Erckmann-Chatrian : *L'ami Fritz.* 1 vol.

Meunier (G.) : *L'Œuvre de Cherbuliez.* Extraits choisis à l'usage de la jeunesse, avec une notice sur la vie et les œuvres de l'auteur. 1 vol.

Robertet (G.) : *L'Œuvre de Lamartine.* Extraits choisis à l'usage de la jeunesse, précédés d'une notice sur Lamartine. 1 vol.

3e SÉRIE, A 2 FR. LE VOLUME

Joliet (Ch.) : *Mille jeux d'esprit.* 1 vol.
— *Nouveaux jeux d'esprit.* 1 vol.

Zaccone : *Nouveau langage des fleurs*, avec 12 gravures en couleur. 1 vol.

4e SÉRIE, A 2 FR. LE VOLUME

About (Edm.) : *Alsace* (1871-1872). 1 vol.
— *Les mariages de Paris*. 1 vol.
— *Les mariages de province*. 1 vol.
— *La vieille roche* :
1re partie : *Le mari imprévu*. 1 vol.
2e partie : *Les vacances de la comtesse*. 1 vol.
3e partie : *Le marquis de Lanrose*. 1 vol.
— *Le fellah*. 1 vol.
— *Tolla*. 1 vol.
— *L'infâme*. 1 vol.
— *Le Turco*. — *Le bal des artistes*. — *Le poivre*. — *L'ouverture au château*. — *Tout Paris*. — *La chambre d'ami*. — *Chasse allemande*. — *L'inspection générale*. — *Les cinq perles*. 1 vol.
— *Trente et quarante*. — *Sans dot*. — *Les parents de Bernard*. 1 vol.
— *Germaine*. 1 vol.
— *Maître Pierre*. 1 vol.
— *Madelon*. 2 vol.
— *Le roi des montagnes*. 1 vol.
— *Théâtre impossible*. 1 vol.
— *L'homme à l'oreille cassée*. 1 vol.

Barine (Arvède) : *Princesses et grandes dames*. 1 vol.
— *Poètes et névrosés*. 1 vol.
— *Bourgeois et gens de peu*. 1 vol.
— *Portraits de femmes* (Mme Carlyle. — George Eliot. — Une détraquée. — Un couvent de femmes en Italie au XVIe siècle. — Psychologie d'une sainte). 1 vol.

Bernardin de Saint-Pierre : *Paul et Virginie*. 1 vol.

Berthet (Élie) : *Les houilleurs de Polignies*. 1 vol.

Cherbuliez (V.), de l'Académie française : *Prosper Randoce*. 1 vol.
— *Paule Méré*. 1 vol.
— *Le roman d'une honnête femme*. 1 vol.
— *Meta Holdenis*. 1 vol.
— *Miss Rovel*. 1 vol.
— *Le comte Kostia*. 1 vol.
— *Samuel Brohl et Cie*. 1 vol.
— *L'aventure de Ladislas Bolski*. 1 vol.

Cherbuliez (V.) (suite) : *La revanche de Joseph Noirel*. 1 vol.
— *Noirs et rouges*. 1 vol.
— *La Ferme du Choquard*. 1 vol.
— *Olivier Maugant*. 1 vol.
— *La bête*. 1 vol.
— *La vocation du comte Ghislain*. 1 vol.
— *Après fortune faite*. 1 vol.
— *Une Gageure*. 1 vol.
— *L'idée de Jean Têterol*. 1 vol.
— *Amours fragiles*. 1 vol.
— *Le fiancé de Mlle Saint-Maur*. 1 vol.
— *Le secret du Précepteur*. 1 vol.
— *Jacquine Vanesse*. 1 vol.
— *Profils étrangers*. 1 vol.

Cottin (P.) et **Hénault** (M.) : *Mémoires du sergent Bourgogne*. 1 vol.

Du Camp (M.) : *Souvenirs littéraires*. 2 v.

Duruy (G.) : *L'Unisson*. 1 vol.
— *Victoire d'âme*. 1 vol.

Enault (L.) : *Alba*. 1 vol.
— *Nadèje*. 1 vol.
— *Christine*. 1 vol.

Filon (Aug.) : *Contes du centenaire*. 1 v.
— *Violette Mérian*. 1 vol.
— *Amours anglais*. 1 vol.
— *Vacances d'artiste*. 1 vol.

Gérard (Jules) : *Le Tueur de Lions*. 1 vol.

Kovalewsky (Sophie) : *Souvenirs d'enfance*. 1 vol.

Lamartine : *Mémoires inédits*. 1 vol.

Larchey (L.) : *Les cahiers du capitaine Coignet*. 1 vol.

Larreguy de Civrieux : *Souvenirs d'un Cadet*. 1 vol.

Las Cases : *Souvenirs de l'Empereur Napoléon Ier*. 1 vol.

Marco de Saint-Hilaire (E.) : *Anecdotes du temps de Napoléon Ier*. 1 vol.

Poradowska : *Demoiselle Micia*. 1 vol.

Reybaud (Mme Ch.) : *Le moine de Chaâlis*. 1 vol.

Saintine (X.-B.) : *Picciola*. 1 vol.

Saint-Simon : *Scènes et portraits*. 2 vol.

Tolstoï : *Souvenirs*. 1 vol.

Topffer (R.) : *Nouvelles genevoises*. 1 vol.
— *Rosa et Gertrude*. 1 vol.
— *Le presbytère*. 1 vol.
— *Réflexions et menus propos d'un peintre genevois, ou Essai sur le beau dans les arts*. 1 vol.

PETITE BIBLIOTHÈQUE DE LA FAMILLE

PREMIÈRE SÉRIE

Format in-16, illustrés, à 2 fr. le vol. br. Rel. en percal., tr. dorées 3 fr. 50

Albérich-Chabrol : *L'Offensive.* 1 vol.
L'Orgueilleuse Beauté. 1 v. avec grav.
— *Part à deux.* 1 vol.
— *De peur d'aimer.* 1 vol.
— *Au plus digne.* 1 vol.
— *Ma chère liberté.* 1 vol.
Armand-Blanc (May) : *Bibelot.* 1 vol.
— *La maison des roses.* 1 v. avec 36 grav.
— *Ma chère liberté.* 1 vol.
Aubier (F.) : *Trois filles à marier.* 1 vol.
Beauregard (G. de) : *Ordre du roi.* 1 vol.
Béral (Paul) : *Le mirage.* 1 vol.
Brada : *La voix qui accuse.* 1 vol.
Caro (Mme E.) : *Aimer c'est vaincre.*
Clavering Gunter : *Criminelle par Amour.* 1 vol.
Crawford (Marion) : *Insaisissable amour.* 1 vol. avec 64 gravures.
— *Le baiser sur la terrasse.* 1 v. av. 60 gr.
— *Haine de femme.* 1 vol.
Dourliac (A.) : *Le supplice d'une mère.*
— *Liette.* 1 vol. avec 35 gravures.
Filon (Aug.). *Micheline.* 1 v. avec 15 grav.
Floran (Mary) : *Femmes de Lettres.* 1 v.
Géniaux : *Le Voueur.* 1 vol.
Green (A. K.) : *L'affaire Leavenworth.*
— *L'enfant millionnaire.* 1 vol. av. grav.
Harland : *La tabatière du cardinal.* 1 v.
Harraden (Béatrice) : *L'oiseleur.* 1 vol.
Jewett (Miss) : *Le roman d'un Loyaliste.* 1 vol. avec grav.
Legrand (Mlle B.) : *L'eau dormante.*
— *L'amour fait peur.* 1 v. avec 35 grav.
— *Les Demoiselles du Noël fleuri.* 1 v.
Le Queux : *Coupable ?* 1 vol.
Lescot (Mme) : *Un peu, beaucoup, passionnément.* 1 vol. avec 38 gravures.
— *Fêlure d'âme.* 1 vol. avec 36 grav.
— *Vaines promesses.* 1 v. ill. de 48 grav.
Longard de Longgarde (Mme) : *Une reine des fromages à la crème.* 1 vol.
— *Jouets du destin.* 1 vol. avec 44 grav.
— *Une réputation sans tache.* 1 vol.
— *Pompes et vanités.* 1 vol.
Margueritte (P.) : *Ma Grande.* 1 vol.
Maryan : *Maison hantée.* 1 vol.
— *L'écho du passé.* 1 vol.
Morel (Jacques) : *Muets aveux.* 1 vol.
— *Feuilles mortes.* 1 vol.
Osmont (Anne) : *Le Sequin d'Or.* 1 vol.
Pape-Carpantier (Mlle) : *Kernevez.* 1 vol.
Pert (Com.) : *Mirage de bonheur.* 1 vol.
Releoq (I.) : *Le destin d'Hélène.* 2 vol.
Rosny (J.-H.) : *Les retours du cœur.* 1 v.
Sevestre (N.) : *Le Trèfle rouge.* 1 vol.
— *L'Emouchet.* 1 vol.
Troussart : *Le Choix de Ginette.* 1 vol.
Villetard : *Le droit d'aimer.* 1 vol.
Winter : *Mademoiselle Mignon.* 1 vol.
Zeyus (Mlle L.) trad. : *La Bienfaitrice.* 1 v.

DEUXIÈME SÉRIE

Format petit in-16, à 2 fr. le vol. br. — Rel. en percal., gris-perle, tr. r. 2 fr. 50

Arthez (D. d') : *Une vendetta.* 1 vol.
Berius (Mlle) : *Une perfection.* 1 vol.
Ouvrage couronné par l'Académie française
Chabrier-Rieder (Mme) : *Les écolières de Crescent-House.* 1 vol.
Dombre (R.) : *La garçonnière.* 1 vol.
— *Un oncle à tout faire.*
Fleuriot (Mlle Z.) : *la vie en famille* 1 v.
— *Tombée du nid.* 1 vol.
— *Raoul Daubry*, chef de famille. 1 vol.
— *L'héritier de Kerguignon.* 1 v.
— *Réséda.* 1 vol.
— *Ces bons Rosaëc!* 1 vol.
— *Le cœur et la tête*; 3e édit. 1 vol.
— *Au Galadoc.* 1 vol.
— *Bengale.* 1 vol.
— *Sans beauté.* 1 vol.
— *De trop.* 1 vol.
Fleuriot (Mlle Z.) (suite) : *La clef d'or.* 1 vol.
— *Loyauté.* 1 vol.
— *La glorieuse.* 1 vol.
— *Un fruit sec.* 1 vol.
— *Les Prévalonnais.* 1 vol.
— *Sans nom.* 1 vol.
— *Souvenirs d'une Douairière.* 1 vol.
— *Faraude.* 1 vol.
— *La Rustaude.* 1 vol.
— *Le théâtre chez soi.* 1 vol.
Fleuriot-Kérinou : *De fil en aiguille* 1 v.
— *Zénaïde Fleuriot*, sa vie, etc. 1 vol.
Girardin (J.) : *Miss Sans Cœur.* 1 vol.
— *Les braves gens.* 1 vol.
— *Mauviette.* 1 vol
Jeanroy (J-B.) : *Le sac de riz.* 1 vol.
Maël (P.) *Fleur de France.* 1 vol.
— *Le trésor de Madeleine.* 1 vol.
Toudouze (G.) : *Reine en sabots.* 1 v.

D'autres volumes sont en préparation.

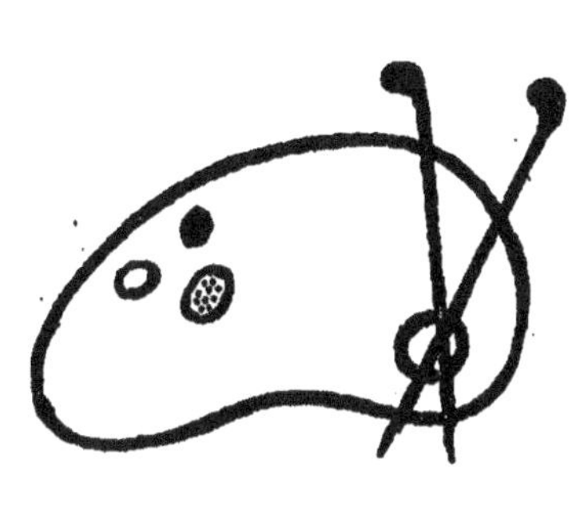

www.ingramcontent.com/pod-product-compliance
Lightning Source LLC
LaVergne TN
LVHW010559110826
845149LV00003B/707

* 9 7 8 2 0 1 1 9 4 9 0 7 3 *